教育部人文社会科学研究青年基金项目（项目编号：18YJC630256）

U0645511

理性成本约束下制造业企业流程瓶颈循环定位与优化研究

张征超　刘宇　著

哈爾濱工程大学出版社
Harbin Engineering University Press

内容简介

本书立足于企业组织流程管理视角,构建能综合反映企业组织流程性能的评价指标体系,同时利用仿真工具将组织流程的运行过程模型化在计算机界面上并实施评估,此外还提出了基于理性成本约束下的流程瓶颈循环定位方法和仿真优化器方法,用于确定企业流程优化的理性终点。与实践证明,本书提出的相关创新理论和方法对于企业组织流程性能仿真评估与优化方法的研究及提升企业组织流程管理水平,具有重要的理论价值和现实指导意义。

本书可作为管理科学与工程、工商管理等专业的研究人员的参考用书,也可作为博士研究生及硕士研究生的教学用书。

图书在版编目(CIP)数据

理性成本约束下制造业企业流程瓶颈循环定位与优化研究/张征超,刘宇著.—哈尔滨:哈尔滨工程大学出版社,2023.11
ISBN 978-7-5661-4189-7

Ⅰ.①理… Ⅱ.①张… ②刘… Ⅲ.①制造工业-成本管理-研究-中国 Ⅳ.①F426.4

中国国家版本馆 CIP 数据核字(2023)第 233685 号

理性成本约束下制造业企业流程瓶颈循环定位与优化研究
LIXING CHENGBEN YUESHU XIA ZHIZAOYE QIYE LIUCHENG PINGJING XUNHUAN
DINGWEI YU YOUHUA YANJIU

选题策划	宗盼盼
责任编辑	张 彦 田雨虹
封面设计	李海波

出版发行	哈尔滨工程大学出版社
社 址	哈尔滨市南岗区南通大街 145 号
邮政编码	150001
发行电话	0451-82519328
传 真	0451-82519699
经 销	新华书店
印 刷	哈尔滨午阳印刷有限公司
开 本	787 mm×1 092 mm 1/16
印 张	10.5
字 数	211 千字
版 次	2023 年 11 月第 1 版
印 次	2023 年 11 月第 1 次印刷
书 号	ISBN 978-7-5661-4189-7
定 价	59.80 元

http://www.hrbeupress.com
E-mail:heupress@ hrbeu.edu.cn

前　　言

企业组织流程性能管理方面的研究包括组织流程性能评价和组织流程性能优化两个方向。近年来,随着我国企业在国民经济中地位的日趋显著,从组织流程性能的角度探讨我国企业管理的状态逐渐进入人们的视线。但是关于企业组织流程性能,尤其是关于如何科学、客观、简便地评估企业组织流程性能以及优化方法的专门研究还很少。因此,本书在研究组织流程性能形成机理的基础上,对我国企业组织流程性能的评估方法、评估工具以及优化方法等展开研究。

本书首先描述和分析了我国企业组织流程性能的形成原理以及影响因素,并结合数据包络分析(DEA)方法构建了企业组织流程性能评价指标体系,同时采用功效系数作为衡量企业组织流程性能高低的标准。

其次采用计算机实时仿真技术构建了企业组织流程仿真系统,把企业实际的组织流程运行过程虚拟化地实现在计算机仿真界面上,并将本书建立的组织流程性能评价指标体系以程序的形式写入该仿真系统,让仿真系统在模拟企业组织流程运行的过程中,自动采集相关数据、自动将组织流程性能的评估结果输出至用户界面上,以实现企业组织流程性能评估的自动化。

再次提出了流程瓶颈循环定位方法和仿真优化器方法,用于优化企业组织流程性能。这两种方法采用的是线性规划优化算法,在仿真系统内部设置运算模块,让仿真系统在运行过程中自动定位企业内部的流程瓶颈并实施优化,使企业能够实时掌握企业组织内部的瓶颈流程,随时为企业做出组织流程调整决策提供参考依据。

最后结合实践,说明了企业组织流程性能仿真评估与优化方法的实施过程及实效。对于企业组织流程性能仿真评估及优化方法的研究,有利于促进我国企业加强组织流程管理水平的提升,具有重要的理论价值和现实指导意义。

本书是教育部人文社会科学研究青年基金项目(项目编号:18YJC630256)"理性成本约束下制造业企业流程瓶颈循环定位与优化研究"的重要成果,由渤海大学经济学院张征超教授和管理学院刘宇副教授共同完成。

由于著者水平有限,书中难免存在不足之处,恳请广大读者批评指正。

著　者
2023 年 7 月

目　　录

第一章 绪 论

自 20 世纪 90 年代以来,在经济全球化、信息化和高科技革命的推动下,人类社会从工业经济时代进入知识经济时代。企业所处的商业环境发生了根本的变化:顾客需求瞬息万变、技术创新不断加速、产品生命周期不断缩短、市场竞争日趋激烈。信息技术的飞速发展,正改变着人类赖以生存的社会环境。作为社会经济细胞的制造业企业也发生了巨大的变化,工业经济时代使用的传统管理模式和商业规则已经不能适应知识经济时代的需求,以企业组织流程管理为核心的理论与应用的研究正引领着企业管理革命的发展方向。企业组织流程管理也因此被誉为继全面质量管理(Total Quality Maragement,TQM)之后的第二次管理变革,形成了世界性的浪潮。

第一节 研究背景与意义

一、研究背景

随着市场经济体制的逐渐成熟,激烈的市场竞争给我国制造业企业带来了巨大的挑战。当前,企业的竞争力主要体现在产品质量、成本、交货期和服务等方面,企业只有在这些方面具有综合优势,才能在竞争中取胜,而这种综合优势是通过企业的组织流程管理水平体现出来的。如何在市场竞争中求得生存和发展,是摆在每个企业面前的严峻问题。对于我国制造业企业来说,只有更加关注自身整体的组织流程管理水平、始终保持企业组织流程的通畅性与有效性,才能显著提高企业的市场竞争力。

事实上,企业在利润取得的方式和过程上存在较大差异。因此,通常我们可以按照其利润取得的方式和过程上的差异将企业划分为商贸流通型、制造型和服务型三个主要类型(图 1-1)。商贸流通型企业是通过进货、存货和出货过程产生的货物价值增值获得利润。制造型企业则是将原材料、人工以及设备等资源投入生产环节,通过在制造过程中发生价值转移所产生的价值增值获取利润。服务型企业将附着在人力资源上的脑力和体力价值转化为服务,从而获得利润。可以看出,制造型企业获取利润的过程更为复杂。

图 1-1 不同类型企业的经营过程

1. 与商贸流通型和服务型企业相比,制造型企业在组织流程上的主要特征

(1)制造型企业的经营以生产制造环节为核心,组织职能要比其他类型企业更全面、更复杂,组织的"流程"特征体现得更为明显。

(2)制造型企业的组织结构更多体现了扁平化特征,很多管理职能被下放到生产环节的各个方面,企业的组织架构具有很大的灵活性。

(3)在人员角色方面,制造型企业中员工的角色相对模糊,可能一个人担任几项工作。因此,制造型企业对于人员功能、效率的发挥比其他类型企业的要求更高。

(4)由于市场对制造型企业产品的质量、交货期等都有严格的限制。因此,对于制造型企业来说,对于企业内信息传递的及时性和准确性比其他类型企业的要求更加严格。

2. 与制造型和服务型企业相比,商贸流通型企业在组织流程上的主要特征

(1)围绕着商品价值转移。与制造型和服务型企业相比,商贸流通型企业的组织流程主要是围绕着商品的价值转移而展开的。从商品的购进到商品的销售,销售行为本身就是价值增值的实现。

(2)围绕着资金周转效率。商贸流通型企业的组织流程运行的目的是实现尽可能多的利润,因此组织流程的效率实际上是通过资金的周转效率实现的。一个资金周转效率高的企业必然具有较高的组织效率。

3. 与制造型和商贸流通型企业相比,服务型企业在组织流程上的主要特征

(1)顾客参与程度上。对于制造型企业而言,产品的生产过程对顾客并不重要,顾客不参与产品的生产,而对于服务型企业而言,服务的生产与提供离不开顾客的参与,服务型企业与顾客的关系远比制造型企业与顾客的关系密切。

(2)产品的可存储性上。服务的不可存储性和顾客需求的随机性,使得服务型企业与制造型企业的作业排序存在很大差异。见表 1-1。

表 1-1 制造型企业与服务型企业的作业排序的差异

标准	制造型	服务型
产品形态	有形的、耐久的、可触摸的	无形的、易逝的、不可触摸的

表 1-1(续)

标准	制造型	服务型
可度量性	易于度量	有规定的标准,难以度量
可存储性	可长时间存储,以满足不同时期消费者对该产品的需求	不可存储,有需求就随时生产,这样才能满足顾客不同时期的需求
一致性生产和消费	不同步,不具有一致性	具有一致性
可控制性	产品在提供给顾客之前可以提前控制、检验产品质量	在为顾客提供服务之前不能控制,检验服务质量存在一定难度
顾客参与性	产品的生产过程对顾客并不重要,顾客不参与产品的生产服务的过程	产品的生产过程对顾客非常重要,服务的生产离不开顾客的参与和互动
需求响应性	响应顾客需求周期较长	响应顾客需求周期很短
区域性	可服务于地区、全国乃至国际市场	主要服务于有限区域范围
生产规模	所需生产设施规模较大	所需生产设施规模较小
缺陷后果	对有缺陷的产品进行修理完善后可重新使用	服务出现问题一般不能修理,只有通过其他办法才能弥补缺陷、挽留顾客

在整个提供服务的过程中,由于离不开顾客的参与,因此服务型企业作业排序必须考虑如何方便顾客的参与,使顾客在参与过程中满意。同时由于服务需求存在一定的随机性和不可预测性,因此服务生产很难实现标准化、程序化和规模化。这与制造型企业有别,有形产品的生产不需顾客参与,生产作业排序不受最终客户的直接影响,可以借助一定的方法和手段对需求做出科学预测,所以标准化、程序化和规模化生产是制造型企业经常追求的目标。

服务排序的基本目标是使客户需求和更高的服务能力相互匹配。服务作业排序必须同时考虑顾客需求和服务能力两方面因素,常见的排序方法是将顾客需求划分为不同的阶段,根据不同阶段的需求特性,力求以不变的服务能力满足不同阶段的顾客需求。

尽管制造企业与服务型企业在运营管理方面有着比较大的差异,但是从运营管理的未来发展方向来看,制造型企业对服务的追逐越来越明显,更多的制造型企业更看重服务创新,并已经将运营重点转向服务,力图借助更多的服务创新和更高的服务质量提升企业持续发展能力。同时,服务型企业在提供服务的过程中,对新技术、新设备的依赖性越来越强,没有制造型企业提供优质的服务设施或服务设备,服务型企业也无法生存。所以说,当前制造型企业和服务型企业的界限变得越来越模糊。企业的运营既要考虑有形产品的提供,又要考虑无形服务的生产,二者紧密联系,互相依存,不可分割。

4. 企业管理的主要冲突

2010年我国中小企业协会连续对70多家规模为300~500人的企业进行了管理诊断,发现这些企业的管理冲突大多数都是围绕着产品爆发的,但根源却都是这些企业的组织基础管理流程隐患严重,主要表现在以下几个方面。

(1)组织流程管理均衡性差。很多企业片面强调系统的产出结果,而忽略了企业内部其他部门组织流程管理水平对生产环节的影响。

(2)流程在执行过程中资源分配不均衡。企业的组织流程在执行过程中需要投入人力资源和财物资源,企业在组织流程中的某个环节由于人员数量投入不足而使其操作效率低于其他流程环节的效率,那么它将影响整个流程的执行效率。

(3)对组织绩效缺乏考核与监控。在企业中,绩效考核数据的来源不应只局限在组织流程中的人员身上,还应包括组织流程中的部门绩效、设备绩效等方面。

(4)组织流程中信息管理水平低下。在很多企业中,组织流程内信息的及时性和准确性得不到有效保证。原因一方面在于企业组织流程本身具有一定的复杂性;另一方面在于企业对现代化信息管理技术应用的水平还很落后。

因此,对于我国企业而言,组织流程管理水平的提高已经成为一个亟须解决的问题。

面对企业组织流程管理问题,全世界的学者都将目光聚焦在组织流程重组的理论与应用研究上。在以往的组织流程重组的实施经验中,其应用结果不容乐观。据统计资料显示,约有70%的组织流程重组项目运行五年后失败。这样的结果,迫使企业认真探寻失败的根源。通过对大量失败案例的研究可以发现,其根源主要有以下几点:第一,流程再造过程中实施方法不合理,导致实施过程障碍重重;第二,缺乏合理的组织流程评价指标体系,使项目实施过程缺乏必要的数据指导;第三,缺乏有效的评价方法,过于复杂、烦琐的操作过程影响了组织流程再造结果的及时性和准确性。

因此,在目前的组织流程管理实践中,如何建立一套全面、合理、符合我国企业特征的组织流程评价指标体系和评价方法;如何解决评价过程中的时效性问题;如何设计一种便于企业学习和掌握的评价工具,让人员、技术等方面条件都偏低的企业可以充分掌握;如何设计一种便于企业执行的优化的方法,是当前亟须解决的问题。

二、研究意义

1. 理论意义

在环境相对稳定的年代,企业的经营绩效主要取决于其组织内部流程的合理性及运行效率。在当今的市场环境下,企业面对的环境要素日益复杂,对于组织流程重要性认识的偏失使得大多数企业很难建立起有效的组织流程体系并保持较高的运行性能。于是,企业对于组织流程的管理和控制能力成为衡量企业适应市场竞争环境、获得竞争优势重要判断标准之一,这使得从理论上对我国企业组织流程性能问题的研究变得更加重要和迫切。

分析和评估组织流程的性能表现是当前理论界关注的焦点,但是到目前为止,针对企业采用计算机仿真技术评估和优化其组织流程性能的研究却十分匮乏,且大多数研究限制在企业流程在某一特定性能表现的定性分析,从而导致企业在日常的组织流程管理中,对于当前流程是否适用、应该如何调整,以及调整之后多大程度上实现了预期目标等问题缺少明确的理论依据。因而,建立一套科学完整的企业组织流程评估体系,掌握一种简单、便捷的企业流程性能评估和优化方法,对于完善企业组织流程管理理论,具有一定的理论价值。

本书立足于企业组织流程管理视角,研究我国企业的组织流程性能、如何以仿真手段评估一个企业的组织流程性能以及如何对其进行优化等问题,相信对丰富我国企业的流程管理理论能够起到积极作用。

2. 现实意义

组织流程管理问题对于我国的企业来说具有十分重要的意义。伴随着改革开放而成长起来的企业正面临着来自外部环境和企业自身两个方面的挑战。从外部环境来看,我国企业面临的外部环境已远远不同于改革开放之初的外部环境。我国的社会主义市场经济体制日益完善,市场竞争更加激烈,顾客更加挑剔,经济、技术等宏观环境变化更快。从企业自身来看,我国的企业经过多年的发展后,其生存和发展受到了自身管理水平低下的限制。对于它们来说,最紧迫的任务也许不是应对竞争对手或是市场环境,而是要首先解决企业自身存在的组织或是流程管理上存在的先天缺陷问题。

本书认为,对于我国企业来说,最迫切的问题是组织流程问题。因此,本书依据前人关于流程评估与优化的研究成果,构建出能综合反映企业组织流程性能的评价指标体系,并利用仿真工具将组织流程的运行过程模型化在计算机界面上并实施评估,期望能够对企业组织流程的评估和优化提供理论支持,对提高企业的经营绩效形成以下指导意义。

(1)通过对企业组织流程进行系统性评估,人们可以深入了解企业的生产经营过程,为企业克服其流程中存在的各种暂停、等待、故障等瓶颈或障碍问题提供科学、有效的依据。

（2）对企业组织流程进行仿真评估可帮助企业实时掌握流程运行数据，当企业运行数据发生不正常波动时，表明企业内部组织流程运行出现问题，便于企业在第一时间发现、解决问题。

（3）本书所涉及的企业组织流程性能评估的关键指标源于企业的特征与管理需求，在构建整体仿真模型的同时，运用编程语言将仿真运行的实时数据及结果直接反映在仿真系统的用户界面上，让用户能够方便、快捷地定义系统变量、输入和读取系统数据，解决了传统评价方法的复杂性和时效性问题。

（4）企业可将本书提出的组织流程瓶颈循环定位优化法、仿真优化器法结合仿真模型使用，这些方法具有效率高、简便、结果准确等特点。

综上所述，研究采用现代技术手段解决我国企业经营过程中存在的现实问题，具有深远的理论和现实意义。

第二节　国内外研究现状综述

企业组织流程管理的目标是通过企业内部组织流程的调整与优化，使企业的整体经营绩效得到显著的提高，而这种显著提高实现的前提必须是企业内部组织流程的性能得到改善。因此，科学衡量企业组织流程的性能是企业组织流程管理的一项重要内容。企业组织流程评估作为一个新生的理论体系，在理论来源上更多地借鉴了发展较为成熟的企业控制理论、目标管理理论以及信息经济学理论等研究成果。本节将对国内外企业组织流程评价理论展开研究，为本书建立企业组织流程性能评价指标体系以及仿真评估模型提供铺垫。

一、企业组织流程评价理论来源

1. 控制理论

亨利·法约尔在其《工业管理和一般管理》一书中给出管理的概念之后，产生了整整一个世纪的影响。虽然不同管理学家给出了不同种类的管理职能，但是计划和控制是管理学家所公认的。计划和控制工作贯穿企业管理的全过程，企业所有的管理活动几乎都与计划和控制相关。计划和控制与企业组织中各个层次、所有成员相关。企业组织中各层次、各部门、各类人员都在一定程度上和一定范围内从事着计划和控制工作，并通过计划和控制履行自己的职能。

控制是在计划执行过程中出现偏离时予以调整和修正的过程。控制有两种形式，即直接控制和间接控制。直接控制是指从事具体作业的人员自己在工作过程中的控制，控制者是作业者本人。间接控制，也叫影响控制，是指作业人员的上级管理者对作业人员的控制。随着企业规模的不断扩大，以及管理层级与管理幅度的增加,间接控制将成为最主要的控制形式,组织流程的评价就是最有效的间接控制形式。

孔茨认为,控制职能就是按照计划标准衡量计划的完成情况并纠正计划中的偏差,以确保计划目标的实现。在某些情况下,控制职能可能使企业确定新的目标,提出新的计划,改变组织机构,改变人员配备或在指挥上和领导方法上做出重大的改变等。控制职能在很大程度上使管理工作成为一个闭环系统。控制理论对组织流程评价的影响主要有以下内容。

(1)流程评价是管理控制系统的有机组成部分

企业在制定战略目标时,就要考虑如何将这些指标转化为可以计量的流程评价指标,以便在战略实施中施行有效的控制。

(2)流程评价体系的设计要以清晰的战略目标为前提

目标越是明确、全面、完整,流程评价指标就越能反映目标的要求,评价也就越有效。

(3)流程评价必须采用不同评价对象的信息

信息是管理人员进行控制的手段,也是进行业绩评价的基础。传统的业绩评价以会计信息为基础,随着环境的变化,流程评价所需要的信息不但包括财务数据,还包括非财务的数据。

(4)流程评价标准必须客观合理

在流程评价中可以针对不同的评价目的,设计不同的评价标准。

(5)找出流程评价关键指标

为了避免分散精力,管理者应抓住重点,在流程评价指标体系中必须抓住关键点,即选择流程评价关键指标。

(6)发现偏差以后必须及时予以纠正

当发现偏离于计划的失误以后,必须采取行动,只有通过适当的计划、组织、人事和指挥工作予以纠正,才能证明流程调整是正确有效的。

2. 目标管理理论

目标管理最早由彼得·德鲁克提出,他的观点主要包括:①企业必须制定明晰的整体目标,凡是能够对组织流程性能产生影响的因素,都应该建立目标考核机制;②每个管理者和员工都要根据整体目标设置各自的目标,并实施自我控制,企业的经营活动应尽可能交由基层管理者完成;③基于①②,企业才能推行分权管理和业绩评价。

早期的目标管理只是作为组织成员业绩评价和激励的一种手段,最新的发展则是把组织的战略计划均纳入目标管理体系之中。目标管理过程包括三个主要环节:①组织总目标设定;②组织总目标分解;③目标完成检查和业绩评价。如图1-2所示。

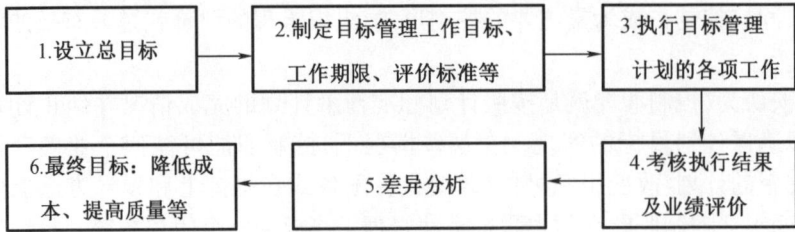

图 1-2　目标管理过程

目标管理对于组织流程评价理论的作用主要有以下方面。

(1)目标必须用指标来反映和计量

组织总目标一旦设定就成了组织战略规划工作的前提或依据,并成为组织未来行为获得成果的标志。因此,组织总目标以及各层次目标必须是可以计量的,即可以用一系列相应指标来反映和计量。

(2)目标规定了流程评价标准

目标管理的核心就是把目标分解下达后成为组织中每个部门、每项流程评价的标准。

(3)目标具有激励作用

目标管理要求下级和上级共同制定具体的业绩目标,并且定期检查目标的进展情况,而奖励是根据目标的完成情况来确定的。这样,目标就成为员工的内在激励动因。可见,目标管理不是用目标来控制,而是用目标来激励员工。

3. 信息经济学理论

信息经济学始创于 20 世纪 60 年代,它是研究信息的经济现象及其运动变化特征的科学。信息经济学的市场理论认为,信息是一种特殊形式的商品,它能够消除或减少参与者活动中的不确定性,从而提高它们自身的效用。但是信息是有成本的,包括信息生产成本、信息传播成本和市场交易过程中信息的获得成本。估计信息的成本和信息的价值,并将二者进行对比,是信息经济学的重要内容。信息经济学为我们利用系统的信号特征评价信息系统提供了一套概念体系。信息经济学对流程评价有以下两点启示。

(1)流程评价系统从某种意义上讲是一个信息系统,它所产生的信息可以具有多种效用。信息系统的设计和运作,强调信息的经济效果,要注意信息的使用价值量与劳动消耗量的比例,即应根据企业的具体情况,对流程评价进行经济的管理。

(2)在具体的流程评价系统设计中,对于评价指标的设置,系统运行方面应强调简洁和实用,即评价指标应当是反映成功因素的关键指标,既简单明了又具有实用性。

二、企业组织流程评价研究现状

Teng 提出了企业组织流程的两个评价指标:协调度(degree of Collaboration)和中介度(degree of mediation),并根据这两个指标将企业的组织流程划分为高中介度/低协调度、高中介度/高协调度、低中介度/高协调度、低中介度/低协调度四种组合,同时分析了这四种组合之间相互转化的关系,最重要的是在其结论中指出:计算机信息技术在上述转化过程的分析中具有十分重要的作用。

Kueng 指出,考虑流程评价因素应在流程设计初期完成,这明确了在组织流程变革早期评价流程的价值和可行性。他的观点说明了以目前的技术采用仿真方法模拟不同组织流程设置方案,通过仿真运行结果对比确定最优方案这一手段的可行性。

Camarinha 和 Rohrbaugh 认为中小企业的分析能力较弱,适宜使用较简单的方法再造,但是由于当时的技术手段还比较落后,因此他们只能借助数学模型的方法解决问题,提出了组织流程再造和改进以及标杆流程管理相结合的方法。

还有的学者提出了组织流程再造、改进和优化需要根据组织流程评价的结果进行,盲目地实施流程再造会造成成本增加,且失败的概率很大。

朱家饶等将组织绩效指标评价体系和生产能力测量概念应用于制造业企业,提出了基于流程分析的组织绩效评价系统模型及组织绩效测量系统的概念。根据朱家饶的观点,对于企业进行流程评价的重点应该放在企业的实际投入产出能力上。毕竟对于企业来说,一切脱离了投入产出效果的结论都是没有意义的。

杨德英阐述了企业关键流程的识别与判断的方法。他使用流程成本、流程周期、流程灵活性、流程质量四个指标来描述流程的特征。杨德英的贡献在于他较为全面地考虑了组织流程的诸多方面表现,因此评价结果能够较为全面地反映企业的问题。但是这种方法运算量大、过程复杂,对于自身管理和知识水平偏低的企业来说,实施的难度也较大。

刘飚、蔡淑琴等提出了一套综合反映企业组织流程性能的评价指标体系。该指标体系由企业流程成本、企业流程效率、企业流程顾客满意度和企业流程质量四个指标组成。该体系运用作业成本管理理论和作业成本法对企业组织流程成本进行分析和量化;运用排队论对企业组织流程效率进行分析和量化;建立了企业组织流程顾客满意度计算模型,以流程下游顾客评价为主评价企业流程顾客满意度;通过比较企业产品或服务与"符合性"标准来评价流程质量。刘飚等的贡献在于,在提出了能够综合反映企业组织流程性能评价指标体系的基础上,提供了一种可操作的方法。但是,对于各指标间的相关性问题没能做出进一步研究。

崔南方等以制造型企业中的生产系统为研究对象,对系统中的时间概念进行了定义,他们将这一概念扩展到了一般的组织流程管理活动中,并给出了组织流程的时间模型及时间指标的计算方法。崔南方等关注的是企业组织流程中的时间问题,对于企业组织流程的时间管理具有非常重要的借鉴价值。

Felix 等针对企业进销存系统提出了企业的进销存流程绩效的评价指标体系,Stephen 等以活动绩效方法来确立企业进销存系统的绩效评价指标。

罗彪等在企业流程评价中运用模糊综合评价方法,考虑到了模糊性指标对组织流程性能评价结果的影响。重要的是,该结论认为流程评价的结果可以作为选择流程重构方案的参考依据,为其他专家进行组织流程优化研究提供了理论上的依据。

黄卫伟使用 SCOR 模型(Supply-Chain Operation Reference model)分析和概括了企业进销存系统绩效度量体系的设计思路和理论框架,明确了企业组织流程评价采用的可靠性、响应性、成本与效率以及贡献效果四个属性指标,他的研究结论尽管进一步丰富了企业组织流程评价理论体系,但是在他的指标体系中有很多定性指标,加大了评价过程中将各指标进行量化的难度,无法保证准确度。

刘飚等构建了流程成本分析模型,该模型采用作业成本法计算组织流程作业成本,该方法给企业提供了更加精确、详细的企业组织流程成本信息。刘飚等关注的是企业组织流程中的流程成本问题,这也是大多数企业在组织流程管理过程中的薄弱环节。他的观点尽管操作复杂,但对于丰富企业组织流程评价理论做出了巨大贡献。

徐贤浩等将组织流程方法应用于国内制造型企业的供应链绩效评价工作中,他们深入研究了我国制造型企业供应链系统的特征,并在此基础上提出了制造型企业供应链系统组织流程循环期的绩效评价指标,并建立了数学模型用于确定制造型企业供应链系统产品出产循环期。

王绍嵘等对企业组织流程再造的必要性、再造的步骤及成功的关键因素提出了自己的见解,他们认为采用科学的分析方法是再造成功的保障,这一观点同时也说明了采用现代计算机仿真技术在对企业进行组织流程再造前后进行性能评估具有合理性和现实意义。

刘苑辉通过广东某企业的案例说明企业流程再造的可行性。

张溪莲等研究了企业再造应注意的问题,包括职能、信息化和传统的组织流程再造思想对组织中小企业组织流程再造的影响。

吴鉴研究了企业资源计划(Enterprise Resource Planning,ERP)和企业组织流程再造的关系。这些研究成果都从不同侧面分析和说明了企业实施组织流程管理的重要性和可行性,并对采用计算机工具开展这一工作的必要性给予了充分的肯定。

综上所述,结合国内外学者对企业组织流程再造的理论及应用进行研究,本书可以得出以下结论:首先,我国的企业自身组织流程管理水平不高,问题在于企业对组织流程管理缺乏理性认识,且掌握的理论与操作工具落后。由于我国组织流程管理理论出现的时间较短,还尚未形成系统、完整的理论体系和方法,建立符合我国国情的企业组织流程管理理论体系相对困难较大。其次,通过国内外专家的研究结论,对于企业进行组织流程性能评估已经具备了理论上的可行性,并且具有相当的必要性。解决这一问题的关键就在于能否丰富现有的组织流程评估理论以及设计切实可行的实施工具。

三、国内外组织流程仿真建模技术发展现状

进入 21 世纪以来,随着计算机及信息技术的不断发展,组织流程管理技术也越来越多地融合了现代科技成果,建模与仿真技术的日渐成熟,为企业解决组织流程管理问题提供了有效、可靠的工具。如今,建模与仿真技术正在被越来越多的人接受,并应用于企业管理实践之中。

组织流程建模就是采用图形、公式或文字说明的形式来描述组织流程的特性。目前国内外已提出的组织流程建模技术主要有以下几种。

1. RAD 方法

RAD(Role Activity Diagram)方法是一种结构化的过程建模技术,由美国学者 Holt 等提出,RAD 方法可以用于表达协同工作中存在的问题,它强调角色、角色间的相互作用和活动以及企业与外部事件的联系,RAD 方法的特点是能够较为全面地描述企业组织流程运行过程中的各方面表现。

2. 业务流程过程建模方法

业务流程过程建模(Integration Definition method for Process Description Capture,IDEF3)方法是一种企业经营过程描述方法,由美国 KBS 公司推出,在过程语义描述,如同步、异步、逻辑与、逻辑异或和逻辑或等方面的功能非常强大。

3. 集成的信息系统体系结构建模方法

集成的信息系统体系结构建模(Architeeture of Integrated Information system,ARIS)方法是一种企业建模、分析和诊断的工具,由德国的 Scheer 教授提出,ARIS 体系结构包含功能视图、数据视图、组织视图和控制视图四个视图。其中,控制视图通过仿真手段描述经营过程中的各个事件以及事件的驱动过程,在这一点上,ARIS 方法已经比同时期的其他方法先进了一步,但是 ARIS 方法的缺点是分析和仿真技术都处于初级阶段,随着仿真技术的逐步成熟,ARIS 方法也逐渐被淘汰。

4. Petri 网过程建模方法

采用 Petri 网表达过程及状态是通过库所、变迁、弧、标志等元素来实现的,它是一种基于数学理论的建模方法,Petri 网过程建模方法的特点是易于分析和仿真,但过程过于复杂,尽管有学者对其进行了简化增强了这种方法的描述能力,但还是很难被企业管理实践所采纳。

5.统一建模语言方法

统一建模语言(Unifiled Modeling Language,UML)方法通常被用于描述过程,其中的状态图、活动图、协同图、序列图等工具简化的建模过程,提高了建模效率。

进入 21 世纪,仿真技术得到飞速发展。最初人们使用 VB、C、C++、Fortran 等通用语言开发仿真模型,工作量极大,而且非常烦琐。逐渐出现了专用仿真语言(表 1-2),采用这种语言开发仿真模型大大降低了开发难度和工作量,但是仍然比较烦琐。使仿真得到广泛应用和普及的应该是可视化软件包的出现,利用这些软件包,可以非常方便地利用图表以可视化方式构建仿真模型,大大提高了建模效率,降低了建模难度。这些仿真软件包通常有图形化用户界面、动画等的支持。另外,还提供输入数据分析器、结果输出分析器等模块,以便简化建模过程,为用户提供高效的数据处理功能,使用户将主要精力集中于系统模型的构建中。此外,为支持用户对特定类型系统或产品的仿真分析,这些仿真软件还应该提供二次开发工具及开放性程序接口,以增强软件的适应性。

表 1-2　仿真软件简介表

仿真软件	公司	语言	简介
Extendsim (美国)	Imagine That	C	对离散事件系统和连续事件系统进行仿真,且具有较高的灵活性和可扩展性。采用交互式建模方式,且支持三维动画,利用可视化工具和可重用的模块快速构建系统模型
Arena (美国)	System Modeling	SIMAN	提供可视化、通用性和交互式的集成仿真环境,可以与用通用编程语言(如 VB、Fortran 和 C/C++等)编写的程序连接运行;提供内嵌的 VB 编程环境 VBA,用户可以进入完整的 VB 编程环境,利用 VB Editor 编写 VB 代码,灵活定制用户的个性化仿真环境
Promodel (美国)	ProModel	—	基于 Windows 操作系统、采用图形化用户界面,并向用户提供人性化的操作环境,提供二维和三维动态仿真环境
Witness (英国)	Lanner	—	面向对象建模机制,采用交互式建模方法,具有可视化的仿真显示和结果输出,同时具有良好的开放性,可以实现与其他软件共享数据和集成

表 1-2（续）

仿真软件	公司	语言	简介
FlexSim （美国）	FlexSim	C++	采用面向对象编程和 Open GL 技术，直接以三维方式提供虚拟现实的建模环境，并成了 C++集成开发环境和编译器
AutoMod （美国）	Brooks	—	由仿真模块 AutoMod、实验及分析模块 AutoStat、三维动画模块 AutoView 等部分组成，适合大规模复杂系统计划、决策及控制试验
eM-Plant （以色列）	Tecnomatix	C++	面向对象、图形化、集成的建模仿真工具，系统结构和实施都满足面向对象的要求，可以对各种规模的工厂和生产线建模仿真和优化

四、国内外研究现状评述

通过上述针对国内外文献的研究结果，我们不难发现以下几个问题。

（1）组织流程性能评估作为一门管理技术，对于企业在提高组织效率、节约资源、增强企业竞争力等方面具有极大的促进作用。

（2）从以往的实践过程中，我们可以看出组织流程改造实施的成功率并不高，这不是组织流程管理思想本身存在什么问题，导致大量组织流程诊断与优化项目失败的关键在于缺少方法论和有效工具的支持。缺少对组织流程的定量分析和有效的仿真模拟的工具造成的实施难度过大，这才是造成此种局面的重要原因。

（3）随着计算机与信息技术的不断发展，各种计算机仿真技术已经日渐成熟，并且被众多企业所掌握。所以让企业运用仿真技术解决企业管理问题，已经具备所需的技术条件，目前存在的主要问题是缺乏实施经验和成形工具。结合上述分析，本书拟采用现代计算机信息技术方法研究我国企业的组织流程性能的评估和优化问题，这对于提高我国企业的管理水平和生存发展的能力，适应当今世界日趋激烈的市场竞争具有十分重要的意义。

第三节　研究内容与方法

一、研究内容

1. 第一部分（第一章）

论述了当前新经济形势下我国企业生存和发展的现状，说明了本研究课题的背景和意义。对企业组织流程管理的相关理论研究的发展和现状进行了总结,进而分析了当前企业开展组织流程性能评估与优化活动的必要性。最后说明了本书的研究内容、思路、方法及创新性。

2. 第二部分(第二章)

企业组织流程性能机理研究。通过梳理前人的研究成果,基于流程视角对企业组织流程性能的含义进行了重新定义;从企业内部和外部两个角度分析企业组织流程性能的形成机理;结合我国企业的实际情况对于可以影响到企业组织流程性能的诸多因素进行了归类分析,为下文对我国企业组织流程仿真建模研究奠定了理论基础。

3. 第三部分(第三~六章)

企业组织流程性能评估体系研究。结合能够影响企业组织流程性能的组织结构、组织流程设置、员工和企业工具等因素,通过时间性能、成本性能、吞吐性能和资源利用性能四个包含结果变量和过程变量的指标集,运用数据包络分析方法计算代表企业的组织流程性能的功效系数,对企业组织流程性能的高低进行判断。

4. 第四部分(第七章)

运用 Extendsim 系统仿真软件工具,构建我国企业的组织流程仿真模型。把现实中复杂的组织流程用虚拟仿真的手段实现在可视化的界面上,并保持显示数据与虚拟数据的一致性;运用编程语言,将仿真运行的实时数据及结果直接反映在仿真系统的用户界面上;根据仿真数据结果的多因素回归分析,确定可以代表企业组织流程性能水平的关键指标,并将基于这些关键指标的评价模型写入仿真系统,在系统运行过程中随时判断企业组织流程性能的高低,并且通过企业实证研究验证这种仿真评估方法以及评估结果的有效性。

5. 第五部分(第八章)

提出流程瓶颈循环定位优化方法和仿真优化器优化方法。将线性规划优化算法用于企业组织流程性能的优化操作,在仿真系统内部设置运算模块,让仿真系统在运行过程中自动定位企业内部的流程瓶颈并实施优化,提出提高我国企业组织流程性能的建议。

6. 第六部分(第九章)

总结与展望。总结了本书的研究内容、研究成果和不足之处,并分析了企业组织流程性能仿真评估与优化的理论和方法进一步的发展方向和研究重点。

二、研究方法

本书主要采取的研究方法包括规范分析法、数学建模方法、计算机仿真编程方法以及实证分析法等。

企业的组织流程性能因为涉及企业内部多个系统,因而表现为一个复杂的因素集合。同时,企业的组织流程性能又因不同的企业生产类型表现出不同的特征。因此,本书采取规范分析法,结合我国企业的不同类型进行划分,归纳分析了不同类型企业组织流程性能的形成机理、影响因素,并以此作为进一步研究的理论基础。

我们之前所能接触到的组织流程性能的定量分析方法中,有的是从组织较低的运作层面加以分析,有的是从企业所涉及的利益方的价值观角度加以分析,全面真实地反映企业组织流程性能的效果不强。为此,本书结合排队理论、作业流程成本法、数据包络等数学定量分析方法,分别用于建立企业组织流程性能的时间性能、成本性能和功效系数评价的数学模型。

另外,对于企业复杂的组织流程,本书采用计算机仿真技术方法,将复杂的组织流程运行过程虚拟化地实现在仿真系统中。为了让现实的流程运行过程与仿真系统数据一致,本书采用了实时仿真技术,将时间偏差控制在 5 s 之内。在企业组织流程的优化过程中,本书同样采用计算机仿真方法,将组织流程瓶颈的定位和优化工作交由计算机仿真系统完成,大大缩短了实施时间、提高了工作效率。

实证分析方法是证明观点成立的最好方法。本书设计了一套适用于我国企业组织流程性能评价指标体系,通过对具体企业的实证研究,可以检验出该指标体系的科学性与完善性,并且通过实证研究使研究人员能够找出我国企业流程管理中存在的普遍性问题,以便找到解决这些问题的对策。

本书所需的数据主要包括两个部分,一部分是作为系统分析数据,用来确定可以代表制造型企业组织流程性能的关键指标,这些分析所用数据全部来自仿真系统运行结果。为了确保分析结论的准确性,本书在运行仿真模型的过程中采用了破坏性试验,将仿真系统在正常运行与超负荷运行状态的运行结果统统纳入数据采集范围,并且通过反复多次运行仿真模型获得足够组次数据结果,能够充分确保分析结果的准确性。本书的另一部分数据是用来进行实证研究。为了获得企业真实数据,本书的研究深入企业内部,结合企业现有的数据资料以及企业实地采集的数据,通过数据检验保留有效数据作为实证研究对象,保证了实证分析结论的真实性和可靠性。

第四节　创 新 之 处

(1)本书结合对企业组织流程性能机理的深入研究,提出了针对我国企业的组织流程性能评估模型,对比前人研究结论的差异,该模型更加重视过程变量对于流程整体性能的影响,并且强调了流程管理的经济合理性,而不是单纯考虑系统的产出能力、产品合格率等规模性指标,使与组织流程性能相关的过程变量能够更加全面、准确地反映出企业组织流程运行状态与企业目标和企业效益之间的关系。

（2）本书采用分布实时仿真技术，运用 Extendsim 等仿真工具针对企业建立了生产、采购、仓库、销售等系统的仿真模型以及整个企业系统的仿真模型，并在模型中设置企业参数实时收集接口，让企业用户可以及时、准确地掌握企业流程运行信息。在此之前，采用类似方法的群体由于其技术难度和资金需求的限制而主要集中在国家军事项目或大型企业的管理项目中，这是一般企业无法企及的。因此，本书的研究内容是分布实时仿真技术在企业组织流程管理领域的应用的一次大胆尝试。

（3）本书针对企业管理水平的实际情况，提出了组织流程瓶颈循环定位优化方法和仿真优化器设计方法，通过仿真系统的自动运行，人们可以随时监测企业组织流程中的瓶颈以及优化对策，将传统优化方式中复杂、庞大的工作量简化，大大降低了企业用户使用传统优化方法的操作难度。

综上所述，本书对于我国企业组织流程性能的评估方法研究、企业组织流程仿真方法的应用研究、企业组织流程采用的组织流程瓶颈循环定位优化以及仿真优化器（Optimizer）优化方法的研究，在目前该领域的研究中具有一定的创新性。

参 考 文 献

[1] 郑雪峰.制造企业信息化建设各阶段的业务流程重组策略研究[J].中国管理信息化,2010(19):75-77.

[2] 杨小兵,单泪源.中小型制造企业 ERP 应用策略研究[J].现代管理科学,2007(3):32-35.

[3] 张毕西,公双雷.中小制造企业供应链管理运作流程探讨[J].商业研究,2006(22):9-11.

[4] 刘艳,丘罄.企业内部创新资源配置效率的理论与实证研究:基于对珠三角地区中小制造企业的调查分析[J].科技管理研究,2010(17):85-89.

[5] 徐学东,孙延明.中小制造企业可重构行业化信息系统研究[J].计算机工程与应用,2005,41(19):216-218,232.

[6] 李爱军,黎娜.基于 BPR 的中小企业供应链业务流程的再造[J].统计与决策,2010(14):177-179.

[7] 李志刚.基于企业信息流程的 BPR 分析[J].商业研究,2009(5):72-74.

[8] 孔茨,韦里克.管理学精要[M].韦福祥,译.6 版.北京:机械工业出版社,2008.

[9] 陈明亮,赖红霞,汪蕾.业务流程网络与业务流程评估[J].管理世界,2009(10):170-171.

[10] 朱家饶,刘大成,佟巍,等.基于流程的制造绩效评价体系研究[J].计算机集成制造系统,2005(3):438-445.

[11] 徐贤浩,邓晨,彭红霞.基于供应链金融的随机需求条件下的订货策略[J].中国管理科学,2011,19(2):63-70.

[12] 崔南方,康毅,林淑贤.基于供应商门槛的采购物资定位模型研究[J].管理评论,2006(4):54-58,64.

[13] 刘飚,蔡淑琴,郑双怡.业务流程评价指标体系研究[J].商业研究,2009,33(4):112-114.

[14] 刘飚,郑双怡.企业业务流程再造及其效果研究[J].统计与决策,2005(9):64-66.

[15] 杨德英.量化的流程评价方法:流程评价指标[J].现代管理科学,2005(8):41-42.

[16] 罗彪,王琼.面向过程控制的流程绩效评价模型及其应用[J].经济管理,2010(6):158-163.

[17] 黄卫伟.基于流程的绩效度量体系设计方法论[J].经济理论与经济管理,2003(7):45-49.

[18] CAMARINHA-MATOS L M. Execution system for distributed business processes in a virtual enterprise[J]. Future Generation Computer Systems, 2001, 17(8): 1009-1021.

[19] ROHRBAUGH Q J. A spatial modal of effectiveness criteria:Toward a competing values approach to organizational analysis[J]. Management Sciences1983, 29(3):367-377

[20] 王绍嵘,包平.BPR 在我国中小企业的应用分析[J].工业工程,2005(6):85-89.

[21] 刘苑辉.中小企业业务流程再造的探索[J].工业工程,2004(11):112-114.

[22] 张溪莲,姚家奕.中小企业如何进行流程再造[J].信息系统工程,2008,16(11):60-61.

[23] 吴鉴,孙延明.业务流程重组在中小企业 ERP 实施中的作用[J].现代制造工程,2004(3)94-96.

[24] GREINER L E. Evolution and revolution as organizations grow[J]. Harvard Business Review 50, 2009(4): 37-46.

[25] SMITH K G , MITCHELL T R , SUMMER C E.Top-level Management priorities in different stages of the organizational life cycle[J]. Academy of Management Journal, 1984,28(4):799-820.

[26] VAN DER AALST W M P. The application of Petri nets to workflow management [J]. The Journal of Circuits Systems and Computers, 1998, 8(1):21-66.

[27] AGUILAR-SAVEN R S. Business process modeling:Review and framework [J]. International Journal of Production Economics, 2004, 90(2):129-149.

第二章　企业组织流程性能机理研究

我国企业要在激烈的市场竞争环境中获得优势,不仅需要接受市场、产品、客户、竞争对手等诸多因素的严峻挑战,而且需要有较先进的组织流程以满足不同因素变化的要求。为适应新环境,企业必须有能力对现有的组织流程性能进行评估和分析,找出问题症结所在,然后再对其进行调整和优化,解决现存问题,在组织流程方面对产品的质量、成本、生产周期和服务等进行提升,使其具有竞争优势。IBM、福特等公司的成功案例都说明了有效的组织流程管理能给企业带来巨大的经济效益。企业实施组织流程管理必须要以能够判断其组织流程性能的优劣为前提。为了能让企业对其组织流程有一个客观的评价,进而使企业的组织流程管理有科学的决策依据,我们有必要对企业的组织流程的相关机理展开研究。

第一节　过程视角下企业组织流程性能界定

一、过程视角下企业组织流程性能的内涵

组织流程是指完成一项任务或一项活动的全过程,这一过程是由一系列工作环节或步骤所组成的,其相互之间有先后的顺序和一定的指向。在企业运行过程中,组织流程通常表现为企业内正式或非正式的约定俗成的做事方法,企业通过一系列活动创造价值,组织流程就是进行这些活动的方式,因此,组织流程也是企业一切制度、流程、责任的基础。

组织流程性能(organizational process performance)这个概念颇为复杂,因而在学术界还没有一套主流的看法。最早对组织流程性能进行定义的是德国社会学家韦伯和法国管理学家法约尔,他们站在企业投入产出的视角将组织流程性能定义为企业在进行一定投入的前提下获得产出的能力。美国管学家詹姆斯·穆尼认为,组织就是为了达到一个共同目标的人们联合的形式。只有组织内部全部关系有效协调,这个组织才能获得较高的流程性能。我国学者刘平认为,企业的组织流程管理不能偏离企业目标,离开了企业目标,企业的组织流程也就无所谓有效以及性能的高低。仔细理解前人对组织流程性能的研究成果不难发现,不同时期的学者对组织流程性能的定义有着共同的出发点,即企业目标实现的最终结果,组织实

现企业目标的程度成了判断一个企业组织流程性能高低的关键。尽管这一观点比较普遍,但本书认为其局限性还是很大的。

第一,在组织流程管理过程中要准确衡量组织目标的实现程度是非常不容易的,如果保证不了衡量结果的准确性,就无法对组织流程性能水平做出准确判断。第二,在目标实现的过程中企业要接受来自企业内外多种因素的影响,而诸如环境、市场等许多因素是企业所无法预计和控制的。也就是说,企业在目标的实现上无法对组织流程性能的高低做出判断。第三,目标有短期、中期和长期之分,短期目标的实现程度通过测量比较容易得到,但企业实现了短期目标并不等同于企业一定能够实现长期目标,原因在于企业存在短期目标与长期目标相悖的情况。所以单纯地站在企业短期目标或长期目标的角度上看待组织流程性能都是片面的。第四,企业组织的目标不是一成不变的,当企业实现了原有的目标后,企业会制定出新的目标,但是有能力实现原有目标的企业未必能实现新目标。因此,对组织流程性能的理解仅停留在实现目标与否的层面上是不客观或是缺乏说服力的,应该将视角放在组织流程运行的过程中,只有通过深入了解组织流程运行过程中各种行为在企业目标实现过程中的作用来判断组织流程性能的高低,才是准确且具有说服力的。

过程视角下看待企业组织流程性能需要思考一个核心问题,即什么才是有效的组织?本书认为,能够表现出较高组织流程性能的组织应该是这样一种组织,它具有良好的内部状况,即流程以及作业能够很好地匹配到所需的资源;能够高效地实现预期目标,即在保证客户需求的前提下能够最大限度地获取利润;同时又对外部环境有很强的适应能力,能够根据环境的变化而随时调整自身的组织结构和资源配置方案,从而使得企业能够持久生存。在这一过程中,企业的组织结构、流程设计、资源配置、员工的表现都是影响组织流程性能发挥的关键因素。同样的一个企业,上述因素的设计与搭配方案千差万别,这样就造成了不同企业的组织流程性能的高低差异。即使上述因素固定不变,不同的员工队伍产生不同的工作表现,同样会造成企业组织流程性能的差异。因此,过程视角下企业的组织流程性能是企业经营过程中上述因素共同作用的结果。在过程视角下研究企业的组织流程性能就是要探究上述因素的表现,以及这些表现对于企业目标实现情况的影响。对于我国的企业来说,显然它们更需要的是后者的研究成果。

综合以上论述,本书可以将组织流程性能的概念定义为:组织流程性能从本质上说应该是组织获取社会资源。在人力、物力、财力、信息和其他实现组织目标所需资源的分配和协调中,组织流程在一定时间内能够实现节约成本、利润最大化的能力。

二、过程视角下企业组织流程性能的外延

根据上述研究结论,如果一个企业具有较高的组织流程性能,一般存在以下几

个方面表现。

1.组织流程的投入产出效率

任何一个企业,不管它属于哪一种类型,从形式上都可以看成一个投入产出机构。它们的共同特征都是从企业外部获取资源,通过企业内部组织流程的作用形成最终产品再流出企业(图2-1),企业在此过程中获得利润。对于企业来说,企业组织流程性能水平的最直观表现在于资源在企业内部转换的效率,即资源的投入产出效率。在企业组织流程的宏观层面上,企业组织流程的性能表现在企业内部与外部、企业内部门与部门之间资源的转换效率;在企业组织流程的微观层面上,企业组织流程的性能则表现在部门内部人与人之间、工序与工序之间或是作业与作业之间资源的转换效率。在传统粗放型的经营方式下,企业的组织流程性能往往和企业的投入产出效率有所偏差,即企业的组织流程性能在通常情况下没有达到企业当前投入产出效率下应有的组织流程性能水平。这是因为在传统粗放式的经营方式下,企业过于重视企业系统的产出结果,而忽略了过程中的资源浪费情况。因此,想要了解一个粗放经营的企业的组织流程性能,除了要观察这个企业的资源投入产出效率外,还应考察这个企业的资源利用情况,这样才能保障观察结论的准确性。同时我们也能获得这样一条结论:对于我国的企业来说,如果想让企业保持较高的组织流程性能,应该转变生产经营方式,即抛弃原有粗放式经营的思维和管理方法,采取精细的生产经营方式才是一条可靠途径。

环境 ——————→ 企业组织流程 ——产品——→ 环境

图2-1 企业投入产出模式

2.组织流程的经济合理性

企业组织流程的经济合理性体现在,企业要想获得较高的组织流程性能,不应该以牺牲企业的成本控制水平为代价。在企业运行过程中,组织流程性能和企业的成本水平之间既矛盾对立又相辅相成。具体来说,它们二者的关系如图2-2所示。

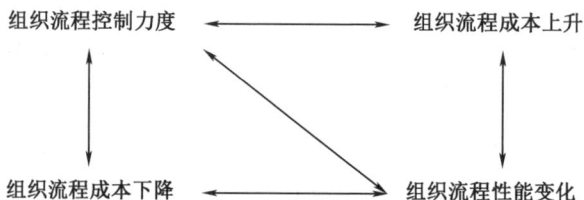

组织流程控制力度 ←——————→ 组织流程成本上升

组织流程成本下降 ←——————→ 组织流程性能变化

图2-2 企业组织流程经济合理性转换关系

如图2-2所示,企业在现有的组织流程控制方法和力度下,其组织流程成本一般会在一定时期内保持相对的稳定,相应的组织流程也表现出一定的性能水平。当企业加强组织流程控制力度时,在一定程度上会对企业组织流程性能的提升产生促进作用,但同时也会加大组织流程控制成本的投入,使组织流程成本上升。这些上升的成本无疑会影响到企业的获利能力,从而削弱了组织流程性能的上升空间。当这种削弱作用小于组织流程性能的上升空间时,对于企业来说是有益的;相反,当这种削弱作用大于组织流程性能的上升空间时,对企业来说是得不偿失的。当企业为了降低组织流程成本而削弱组织流程的控制力度时,虽然可以在一定程度上降低组织流程管理的成本,但是组织内部流程的管理水平下降,势必将导致企业组织流程性能的下降,同样影响到企业盈利目标的实现。

因此,企业在设定组织流程控制力度时,应该预先权衡好两种趋势的对比结果,尽量避免第二种结果的出现。根据我国企业的实际管理状况来看,显然在这方面做得还不够。

3.组织流程中资源的使用效率

企业内部的资源主要包括人员、设备、信息等诸多资源形式,这些不同形式的资源在企业组织流程的运行过程中各司其职,为组织流程性能的发挥做出贡献。但是,这些资源是否被充分利用、各种资源对于组织流程性能的发挥做出的贡献究竟有多大,这些问题往往是企业最容易忽视的。我国有很多的企业,它们投入了大量的资源,但是和所得的利益相比是不成比例的。例如,在有些企业的某些部门中,通常存在实际编制大于企业所需的合理编制。这一方面造成了人浮于事,工作效率低下;另一方面造成了企业组织流程运行成本的增加,最终影响了企业组织流程性能的发挥。还有些企业,尽管它们的生产设备很先进,但是不当的加工工艺设计导致了加工过程中设备的待工时间较长,使得这些设备实际上的使用效率很低,这也是容易被忽略,但事实上确实是影响到组织流程性能的正常发挥。企业还有一点较为突出的问题,在于企业组织流程运行过程中信息的使用效率很低。这方面表现在信息的及时性不够,往往有些流程已经闲置,但是因为信息指令到达的不及时造成了流程时间上的浪费,最终也使企业组织流程性能下降。

综上所述,我们看待一个企业的组织流程性能,不仅要看企业单位时间内实现了多少产能,创造了多少价值,更重要的是要观察在这些产量和价值,企业付出的过程是否科学、合理。也就是说,考察一个企业组织流程性能的关键,不是简单地追求结果,而是透过结果本身探寻其背后更具深层意义的东西,即应从企业组织流程的细节上展开分析、判断,这样才能获得最真实的结论。

第二节　企业组织流程性能形成机理分析

一、企业组织流程性能形成的外在条件分析

在市场经济条件下,企业追逐利益的过程实质上是各企业之间竞争的过程。企业之间的竞争存在三个基本条件:第一是经济利益的存在,没有经济利益,企业就没有参与市场竞争的动力;第二是市场机会的有限性,如果市场需求是无限大的,那么企业之间就不会存在竞争;第三是企业之间存在着个体差异,这种差异决定了任何企业必须存在其特有的优势,有限的市场机会正是依据优势的对比结果进行分配。正是由于市场竞争机制的存在,导致不同类型的企业必须站在企业战略的角度思考如何调动其内部组织流程的运行性能,尽可能多地参与市场利益分配。这样,就迫使企业必须依靠其组织流程性能的良好表现在竞争中取得优势。并且,市场竞争环境越激烈,存在竞争关系的企业往往都越发希望表现出自己较高的组织流程性能。因此,市场竞争机制是造成企业内部形成组织流程性能的第一外部动因。

另外,企业是一个开放的系统,它们从环境中获取资源,让资源进入企业内部完成循环再流出企业,它们在此过程中获取利润从而实现组织目标。然而,从环境中获取资源的效率往往不由企业的意愿决定。由于环境中的资源具有稀缺性,企业间获取资源的能力又不尽相同,能够充分获得资源的企业必然可以更加充分地发挥组织流程的性能,实现企业获利目标。相反,那些不能充分获得资源的企业必定在组织流程性能上表现较差,最终将被市场淘汰。所以,环境中资源的协同性是促使企业形成组织流程性能差异的又一重要外部动因。

二、企业组织流程性能形成的内在条件分析

如果不考虑企业外部环境的情况,单就企业内部的各种要素而言,组织流程性能的形成也是一种必然的结果。如果存在这样一种假设:在企业内部,人们的想法都是一致的,拥有同样高的工作积极性,任务的分配能够做到平稳、均衡,设备的占用率能够达到平均、原材料和产成品都是合格的。一般来说,这样的企业往往表现出较高的组织流程性能。然而,这样的假设条件是不成立的,任何一个企业都无法做到这些。究其原因,在于企业内部个体与个体之间存在的差异性是不能否认的。人们的想法不一致,对待命令和任务的看法就会存在偏差,因而导致执行结果的不同。人们对待工作的积极性不同,那么不同的人在面对同样一项工作时,就会出现不同的工作效率;设备的占用率无法做到均衡,那么在企业连续运行的情况下就会不可避免地出现任务的积压和生产效率的浪费。原材料和成品不能确保都是合格

的,那么返工的现象将会永远存在。这就说明,企业内部各要素在无法避免这些不确定性的时候,企业目标也就无法百分之百地达成,企业组织流程性能的差异便相应产生。

总之,企业的组织流程性能是在外部和内部诸多机制的共同作用下形成的。只有科学、全面地把握了这些机制,我们才能准确地做出判断,才能有效地促进企业组织流程性能的提升。

第三节　企业组织流程性能影响因素分析

企业在本质上是一个开放的系统,为了实现既定的组织目标,企业组织需要不断与其生存的外界环境进行信息、物质及能量的交换。并且能够根据外部环境的变化,不断更新技术和知识,调整人员和资源配置。因此,影响组织流程性能的主要因素有以下几点。

一、企业外部环境因素

首先,外部环境是企业生存的基础,如用户市场、供应商、技术、人力资源,以及宏观经济、政治等。企业在一定的环境状态中设定组织目标,并通过组织相应的资源予以实施。当环境状态比较稳定时,环境因素对企业组织目标实现,即对组织流程性能的影响不大。因为在稳定的环境下,顾客需求相对单一,而且产品供不应求,属于卖方市场。所以,企业的目标是最大限度地提高投入产出效率,以满足市场的需求。企业只需要正确、高效率地做事即可获得较高的组织流程性能。而随着环境的日益复杂多变、竞争的日益激烈以及买方市场的形成,企业要想成功,仅仅靠高效率做事已经不够了。当环境状态动荡不定,不确定因素较多时,企业就必须有应对措施,调整资源配置和相关的政策与策略,甚至调整目标以适应环境变化。因此,动荡的环境对企业组织流程性能的影响较大。尤其是不确定的环境状态,影响企业组织的信息获取、认知、处理以及分配方式,影响组织内部资源、人员等一系列因素的部署方案,进而影响企业组织流程性能的发挥。

其次,在稳定的环境里,企业组织可以长期保持较高的组织流程性能。而当今复杂多变的环境不仅使得组织很难把握环境变化的趋势,而且即使是管理水平很高的企业也往往很难长久维持其较高的组织流程性能。我们经常看到许多成功的企业在经过一段时间后往往业绩大幅度滑坡,甚至无业绩,造成这一后果的主要因素往往是外部环境的变化。当一个企业无法应对这种变化及时做出组织调整,且造成这个企业的组织流程性能低于同行业企业的平均水平时,那么就意味着这个企业必然会遭到淘汰。

最后,组织目标的形成以及组织目标的实现很大程度上取决于外部环境。组织的失败、组织流程性能的降低也往往是由环境变化引发的。环境的变化改变了社会经济规则，改变了企业的生存环境，改变了竞争规则，使得原本对企业来说十分重要的因素不再重要，而新的因素成为决定企业成败的关键。所以，在环境日新月异的今天，具有较高组织流程性能的企业必须有很强的环境适应能力，这构成了企业组织流程管理能力的重要组成部分。

外部环境对组织流程管理水平的影响与作用是长期的，不会在短时间内有所改变。由于企业内部因素对企业来说是可控和可操作的，通过调整企业内部因素往往可以直接影响企业组织管理水平的改善，在较短的时间内提升企业组织流程性能的水平。因此，本书在以下章节的研究中将着重探讨企业的内部因素对企业组织流程性能的影响与作用。

二、企业组织结构因素

组织结构因素是影响企业组织流程性能的关键因素。这是因为企业的组织结构一方面决定了一个企业组织内的权力分配；另一方面决定了这个企业的决策模式，而权力分配与决策模式直接影响了企业内流程的反应效率。在企业运行过程中，不同的企业领导都有习惯或者偏爱的决策模式。决策模式本身没有好坏之分，只需要考虑是否适合当下企业组织流程管理目标的实现。组织的决策模式根据决策制定过程参与度的不同可以分为五种类型（表2-1）。参与度高的决策模式能够尽可能多地收集来自组织内不同层面的意见，也比较容易能找到最佳的解决方案。但是参与度高的决策模式往往要花费较多的时间，一定程度上要以牺牲组织流程性能为代价。

因此，企业在选择一种组织结构作为企业运行的基础时，必须考虑到不同类型组织结构下的决策模式是否会对企业的组织流程性能造成影响，而这些影响是否有利于组织目标的实现。

表 2-1　企业决策模式

名称	决策方式	特征
"L"模式	领导者完全依据自己对该事情的了解与获取的有关信息，凭其经验与知识做决策，完全不与相关部属讨论或征询他们意见	可以最快速度做出决策，但由于缺乏足够的信息，因而决策风险很大
"LI"模式	领导者面对一项决策时，会选择性地询问员工对一些问题的看法，但并不会让员工知道询问的目的，然后自己根据这些得来的信息进行决策	可以较快地做出决策，但由于缺乏足够的信息，因而决策风险很大

表 2-1(续)

名称	决策方式	特征
"LC"模式	领导者征询几位部属对决策的意见,说明决策的目的与困难,并与这些部属讨论如何制定出最佳的方案	民主参与的决策方式,但会花费一定时间,会影响决策效率
"LCT"模式	领导者召集相关的主管一起开会,向其说明决策的目的与困难,并请每一位主管提出各自的看法与决策建议,领导者只扮演鼓励发言、引导讨论的角色,让不同的意见激荡出更好的意见,最后领导者综合大家的意见后,加上自己深入的思考,才做出决策	充分参与,可以找到最佳方案,花时间较多,但可以做出正确的决策
"T"模式	全员参与的模式,领导者将决策的形成完全交给团队,并全力支持团队做出最后的决定	员工参与度最高的模式,但极其花费时间,决策效率低,容易造成决策偏差

另外,组织的沟通效率同样受到组织结构的影响,这方面主要体现在组织的层级数量以及信息传递的路径上。一般企业内部的信息传递路径有三类:第一类路径可以概括为从上至下的指挥信息路径,它是以传递命令和指示为主;第二类可以概括为协调信息传递路径,在组织内部表现为横向的信息传递,它是以传递请求、支援和配合为主的信息传递路径;第三类是从下至上的命令结果的反馈路径,上一级部门根据信息反馈结果做出反应以重新生成或下达新的信息。在这些信息的传递过程中,始终存在积极和消极两个方面的作用结果,积极意义是提供行动参考;而消极意义是信息处理需要支付成本,这里的成本不仅是经济意义上的成本,更主要的是时间意义上的成本。企业组织流程性能的提高总是需要尽可能简捷的信息传递体系,以便降低信息成本、提高信息传递效率。因此,组织结构的层级越多,路径越长,组织流程的反应速度越慢,组织流程性能的表现也就越差。

组织结构的灵活机动性也是影响组织流程性能的一个重要作用因素。企业现有的组织结构往往是在一定的历史条件下形成的,原有的组织结构在企业形成之初或许可以满足企业当时的管理需求。然而随着企业规模的不断扩大,任何企业都必须根据企业环境的变化变革来调整其组织结构,否则就会影响组织流程性能的稳定和提升。

三、企业组织流程设置因素

企业是一个复杂的"系统",用流程的观点来看待企业,组成它的基本单元就是企业组织流程。面对竞争激烈的市场环境,企业在有限资源的基础上,如何合理支配这些资源,维持企业经营行为持续稳定、高效运行,成为所有企业追求的目标。在此过程中,组织流程成为影响企业组织流程性能的又一个关键因素。组织流程在企业运行中的主要作用是定义了企业中的以下几种关系:第一种是上下游关系,表现为一个流程或活动输出的产品或服务,作为另一个流程或活动所需资源的输入;第二种是控制关系,主要表现为一个流程或活动所产生的结果作为一种信息,对另一个流程或活动产生控制作用,可以触发另一个流程或活动的执行,即前一个流程或活动的完成是后一个流程或活动开始执行的前提条件;第三种是资源关系,主要表现为组织流程或活动共享某种资源,流程或活动对某项资源的调用是同时进行的;第四种是组织关系,主要表现为流程或活动的执行人员的人事、利益相关。可以看出,组织流程对企业内这四种关系的定义都与组织流程的性能密切相关。我国有些企业的劳动分工细化程度很高,但同时也造成了组织流程的复杂化。一般来说,过于复杂的组织流程,会使企业管理费用增多,组织流程成本增加,内部信息传递速度减慢,背离了"分工出效率"的初衷,从而导致其组织流程性能低下。另外,在复杂的组织流程模式下,组织流程的均衡性很难得到保证,流程存在的瓶颈环节很大程度上造成资源浪费,这也是造成组织流程性能下降的重要原因。因此,合理配置组织流程,是保证企业组织流程性能的主要手段之一。企业再造之所以从重新设计组织流程着手,是因为原有流程低效率的根源在于流程设计上存在着缺陷。

四、企业员工因素

除了组织结构和组织流程因素,企业内部的工作人员在工作中的积极性与效率的发挥成为影响组织流程性能发挥的又一重要因素。这是因为在企业内部,人员是驱动企业运转的最关键要素。

第一,员工是企业一切活动的发起者,作为一切活动的原点,员工所要做的就是确保所有任务在第一时间、按照既定的流程传达到下一个流程。员工一旦缺乏效率观念,便会影响到企业系统的整体运行时间以及系统资源、信息、指令等一切因素的转换效率,继而影响企业组织流程的整体性能。

第二,员工对企业生产力起着决定性作用。员工是企业投入产出过程的主要参与者,他们掌握着企业资源的循环,他们既是机械设备的操作者,又是指令的发起者和执行者,他们的工作效率直接决定着企业的投入产出效率,因而人员的工作效率与积极性的发挥也直接决定着企业组织流程性能的高低。

第三,企业人员是企业内信息的传递者。企业人员在工作中对企业中大量的、动态的、错综复杂的数据和信息进行及时、准确的分析和处理,对企业的各项生产活动进行事先计划、事中控制、反馈和事后处理,从而帮助企业完成各个环节中及时、准确的决策和控制。在此过程中,企业人员的素质和能力都将对企业信息的处理效率起着决定性作用。因此,企业人员同样可以通过对信息处理的及时性和合理性影响到企业组织流程性能的发挥。

五、企业工具因素

随着科学技术的发展,现代化的工具成为企业提高生产力水平、增强企业盈利能力的重要手段。因此,企业采用的工具在企业组织流程性能的形成过程中也扮演着非常重要的角色。本书所说的企业工具主要包括以下两类:第一类是生产力工具,如生产设备、机械工具等,这些设备将传统的手工劳作发展成为今天的机械化生产作业,在提升企业生产效率的同时使企业组织流程性能大大提高。第二类是信息化工具。信息化工具具体可分为两个层面,一是技术信息化工具,技术信息化的相关软件可以直接提高某个具体工作岗位的效率,软件功能非常具体,通常涉及大量数据的计算与管理,效果也最为明显,如 CAP、PDM、CAPP、SCADA、GIS 等;二是信息化管理工具,如 ERP 系统、SCM 系统、CRMM 系统、BI 系统、OA 系统等,其有助于提高管理效率,即沟通效率、协同效率以及决策效率等。因此企业的信息化实施一旦成功,便能够快速提高瓶颈岗位的工作效率以及提高整个组织流程的服务运作能力。综合以上分析可见,企业工具作为影响企业组织流程性能的因素,对企业组织流程性能的提升同样发挥着重要作用。

参 考 文 献

[1]　冯锋. 文化归属与企业决策模式的选择[J]. 软科学,2001(5):43-45,52.

[2]　崔佳颖,SHU,SCHILLER. 中美组织沟通开放性的比较研究[J]. 财经问题研究,2011(1):53-57.

[3]　范玉顺,吴澄. 工作流管理技术研究与产品现状及发展趋势[J]. 计算机集成制造系统,2006(6):1-7.

[4]　范如国. 员工效率工资与企业的管理效率分析[J]. 南开管理评论,2009(4):128-135.

[5]　崔树银,张世翔. 企业流程变革的影响因素探析[J]. 商业时代,2007(33):38-39.

[6]　罗帆,佘廉. 企业组织管理预警系统评价指标体系的构建[J]. 重庆大学学报:社会科学版,2006(6):56-58.

[7]　SADIQ W , ORLOWSKA M E. Analyzing Process Models Using Graph Reduction Techniques[J]. Information Systems, 2003, 25(2):117-134.

[8]　罗宾斯,库尔特. 管理学[M]. 李原,译. 11 版. 北京:中国人民大学出版社,2012.

[9]　陈禹六,李清,张锋. 经营过程重构(BPR)与系统集成[M]. 北京:清华大学

出版社,施普林格出版社,2001.

[10] 张凯,姜晓红,闫献国,等.中小制造企业 ERP 系统的设计与实现[J].机械工程与自动化,2011(3):52-54.

[11] 王建华.业务流程再造:中小企业运作管理新模式探讨[J].商场现代化,2008(13):128-129.

[12] 简斌,左荣国,闫光荣,等.一种面向中小型制造企业的应用集成方法论[J].工程图学学报,2007(1):7-13.

[13] 朱家饶,刘大成,佟巍,等.基于流程的制造绩效评价体系研究[J].计算机集成制造系统,2005(3):438-444.

[14] 徐贤浩,邓晨,彭红霞.基于供应链金融的随机需求条件下的订货策略[J].中国管理科学,2011,19(2):63-70.

[15] 刘飚,蔡淑琴,付红桥,等.业务流程再造中流程成本分析模型研究[J].华中科技大学学报,2003(12):63-65.

[16] 刘烽.中小型制造企业 ERP 销售管理子系统的分析方案[J].现代计算机:专业版,2007(4):89-92.

[17] 许皓,孙燕红,华中生.基于整体效率的区间 DEA 方法研究[J].中国管理科学,2010,18(2):102-107.

[18] 程刚,史耀耀,李山,等.制造企业流程评价指标与方法研究[J].中国制造业信息化,2005(10):95-97,101.

第三章　制造型企业组织流程性能研究

我国制造业在国民经济增长中占有重要地位,不仅在数量上占绝对优势,而且增长速度也遥遥领先于其他类型企业,制造型企业已成为我国经济发展重要的经济增长点。

第一节　制造型企业类型分析

研究者制造型企业的组织流程与商贸流通型、服务型企业相比具有很大差别,大多数的制造型企业是以生产过程的组织与控制作为流程管理的核心环节。尽管如此,不同类别的企业之间也会由于其生产工艺或生产组织方式的不同,在组织流程的输入端和关键流程上表现出一定的差异性。因此,本书就不同类别的制造型企业及其关键流程加以区分,作为将来流程仿真建模的依据。

一、制造型企业类型划分

研究者将企业划分为不同的类型,目的是要从品种繁多的企业中找出其组织流程上的共同特点。不同行业的企业有其不同的特点,从组织流程的角度来看,有时有些同行业企业之间存在着组织流程上的差异,反而大于不同行业企业之间的差别,而不同行业之间的组织流程有时候也存在着共同的特点。这些特点表现在设备与工艺、生产规模、专业化程度、产品结构等方面。企业的组织流程管理的一项重要任务就是要从众多的企业中,分析研究它们各自的特点和规律性,把所有行业按照其特点与共同点归纳为几种不同类型,以便根据不同类型的企业的特征采取相应的组织流程管理方法,这样有利于合理组织生产和提高组织流程运行效率。

1. 按生产过程的连续性划分

企业所采取的经营方式决定了企业生产过程的连续性。企业按照其生产过程的连续性可分为三类,即连续型、离散型和混合型。相应的企业则分别可以称为连续型企业、离散型企业和混合型企业。

(1)在连续型企业中,其原材料按照一定的次序连续地经过各道工序,所以连续型制造又称为流程型制造。连续型制造过程一般包括化学过程或热物理过程等,如冶炼、化工、食品、饮料、塑胶、化学制剂等都属于连续型制造。连续型企业产品的数量一般较大,生产过程通常具有较高的自动化程度。其产品在存储过程中存在明显的损耗,因此在原材料和产成品数量统计的过程中要考虑到这些消耗,以使得交货和用料过程满足均衡。

(2)在离散型企业中,其产品通常是由许多零部件装配而成的,各个零件都具有独立的加工过程,每个产品零部件的加工过程只需要占用企业的部分生产资源,每个零部件从一个加工工序到另一个加工工序进行不同类型的加工,且每个零件的个体都是可数、可标识的。典型的离散型企业分布于包括电子设备制造、机械加工制造等行业。其产品的个性化程度相对较高,产品的差异化设计导致了产品的物料清单(Bill of Materials,BOM)经常发生变化,因此离散型企业对其产品设计和生产活动的灵活配置成为组织流程活动的核心环节。

(3)混合型企业的生产过程介于离散型和连续型生产过程,既有连续工艺过程,又有离散工艺过程。其典型特征是生产分阶段进行,设备按阶段使用,在不同的生产阶段遵循不同的生产方式。

2. 根据产品的专业化程度、工作地的专业化程度划分

制造型企业根据产品的专业化程度、工作地的专业化程度来划分可分为单件生产、订单生产、多品种小批量生产、按库存生产、批量生产、重复生产和连续生产七种。

(1)单件生产品种繁多,每种仅生产一件,生产的重复程度低。在这种生产类型中,产品设计通常取决于客户的特定需求。因此,单件生产类型的企业首先要做好客户的个性化需求设计工作。由于企业产品大多数是为客户量身定制的,所以这些产品的设计工作和最终产品往往很复杂,但生产批次很少,有些产品可能在完成这次订单后不再重复生产。所以,单件生产的流程活动涵盖了从按客户产品要求进行产品设计到将最终产品交付的整个过程,是各个类型中最复杂的一种。

(2)按订单生产的企业完全按客户的要求生产,企业和客户经过协商,生产任务具有严格的交货期、产品质量要求。因此按订单生产的企业从生产任务的下达到原材料的采购等,都需要企业快速响应客户的要求并且准时履行合同交付产品,这是此类企业组织流程管理的关键。

(3)多品种小批量生产与单件生产类型的区别在于每一种产品不只生产一件,而是具有一定数量的批量生产。多品种小批量生产的产品大多是由标准零部件或配件装配而成,在此类生产中,每种产品的批量不大,但重要的是要保证每个产品必须是配置合格、质量过关的。多品种小批量生产方式的企业在接到客户订单后,将企业中已有的零部件经过再配置后向客户提供定制产品,如模块化的汽车、个人计算机等。

(4)在按库存生产类型中,生产的对象一般是以通用型产品为主,产品本身并没有特定的设计要求,即生产的产品并不是为特定客户定制的。但是,按库存生产的产品批量又不像大批量生产那么大。通常,这类生产类型的批量是根据企业对

每种产品的库存保有量定额制定的,当企业真实的库存量低于其库存保有量定额制定时,企业就可以根据其差额确定生产任务。库存生产类型的产品是标准化的,因而其产品一般都具有标准化的成本,企业可以通过实际成本与标准成本的比较,为企业的生产管理决策提供依据。

(5)在批量生产类型中,产品是根据一组配方或是原料清单来制造的,产品的配方可能由于设备、原材料、初始条件等因素的变化而发生改变。此外,原材料的构成和化学特性可能会有很大的不同,所以需要有制造一个产品的一组不同的配方。而且,后续产品的制造方法往往依赖于以前产品的制造过程,在经过多次批量生产之后,可能会转为重复生产类型。

(6)重复生产又被称作大批量生产,是那种生产大批量标准化产品的生产类型。生产商可能需要负责组织整个产品系列的原料,并且在生产线上跟踪和记录原料的使用情况。重复生产类型往往用倒冲法来计算原材料的使用情况。所谓倒冲法是根据已生产的装配件产量,通过展开物料清单,将用于该装配件或子装配件的数量从库存中减掉。

(7)连续生产类型中,单一产品的生产永不停止,机器设备一直运转。连续生产的产品一般是其他工厂的原材料,或者是生产没有客户化的产品。

二、不同划分标准下企业类型的内在联系

用最少的资源消耗、生产出满足客户需求的产品并获取最大的利润是制造型企业的追求。而不同类型的制造型企业所包含的职能和流程是不一样的。在行业分布较广的离散型企业中,物料经过非连续地移动,通过不同路径,生产出不同的产品。通常表现为单件生产、按订单生产、多品种小批量生产和按库存生产等类型。而连续型企业依赖对生产设备、工序和时间过程的控制,具有极强的连续或大量生产特征。在连续型企业中,物料大多连续地经过相同路径形成最终产品。因此,表现为批量生产、重复生产和连续生产几种类型。不同生产类型划分之间的相关性如图3-1所示。

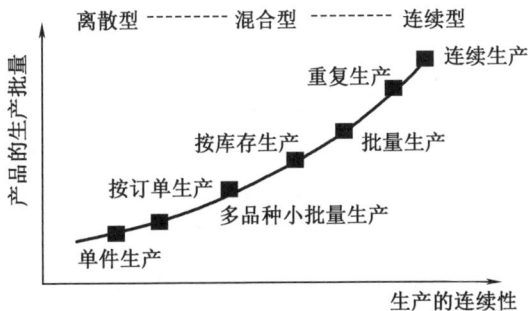

图3-1　制造型企业类型、产品生产批量、生产连续性关系图

制造型企业是以生产物质商品作为自己的获利手段,资源的获取、转换和分配是企业经营活动的主要内容。事实上,纯粹的连续型企业和纯粹的离散型企业并不多见,在现实中连续型和离散型的企业更多地表现出混合生产类型特征。随着经济全球化所带来的市场竞争的加剧,混合型企业愈加显示出其优越性,成为企业首选的生产形式。

通过上述分析可知,制造型企业由于其生产过程、产品类型以及工艺过程等方面存在的差异,其流程的组织方式也相应有所差异。于是,针对其不同类型制造型企业组织流程进行仿真建模的过程也会有一定的差别。

第二节　制造型企业核心组织流程的界定

企业组织流程是为完成某一目标而进行的一系列逻辑相关活动的有序集合。制造型企业的组织流程纷繁复杂,与之相关的因素较多,包含了许多具体流程,如原材料采购流程、生产进度计划流程、产品质量检验流程等。因此,在对制造型企业的组织流程进行评估前,企业需要找出众多自主流程中的共同特征,界定其核心组织流程。

一、制造型企业的基本活动

现代制造型企业活动的特征是企业的所有活动应是围绕产品在企业内部的全生命周期动态有序进行的,主要围绕以下五大类展开的基本活动。

1. 原材料

在制造型企业中围绕着原材料展开的基本活动是指企业从外部获取所需资源的全过程。由于制造型企业的资金能力有限,所以制造型企业在获取所需资源的过程中首先必须合理地使用有限的资金,同时必须保证获取资源的及时性。

2. 生产制造

制造型企业的生产制造活动涵盖产品从物料投放开始到最终完成的全部过程,主要任务是保证生产制造活动的各个环节顺畅、可控,产品生产高效、优质和准时等。

3. 质量检验

制造型企业的质量检验活动根据其检验对象的不同,包括原材料的质检活动、产品生产过程各工序的质检活动和产成品的质检活动。由于制造型企业自身防御质量问题风险的能力较弱,并且出于长远发展考虑,所以制造型企业的质量偏重于最终产品的质量,而对过程中质量控制的重视程度不足。

4. 库存

制造型企业的库存活动包括物资的出入库活动、产成品的出入库活动、库存物资信息的收集与管理活动等。由于存储过程需要付出一定的成本,因而制造型企业往往不具备库存大量产品的能力,希望通过对库存活动的合理安排节约库存成本和库存量。

5. 产品销售

制造型企业的产品销售活动是企业一系列生产经营活动的起点,它一方面保证了生产过程的持续运行;另一方面保证了企业资金流的平稳流动。销售活动包括订单获取、下达和管理、产品发送以及应收账款的管理等。由于制造型企业的资金能力比较弱,所以制造型企业通常对于资金流的周转具有严格要求,良好的资金回笼需要严格执行合同,因而制造型企业就对整个流程系统内的活动提出了更高的要求。

二、企业的核心组织流程

制造型企业核心组织流程的特点是以生产制造为核心,一般包括以下基本的组织流程:订单处理、物料计划、采购、生产、质检、库存管理、销售、运输等。其核心组织流程如图 3-2 所示。

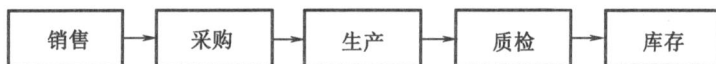

图 3-2　制造型企业核心组织流程

1. 销售管理系统核心组织流程分析

销售管理是制造型企业内部最接近市场和顾客的职能部门。在制造型企业中,销售部门主要负责接收客户的需求信息、制作订单,将订单信息传达给企业生产部门,以及跟踪生产进度、产品交付、发票/结算处理和售后服务等内容。我国企业的销售管理流程如图 3-3 所示。

(1)与客户沟通

在制造型企业中,销售部门是企业与客户进行沟通的窗口。当接到客户查询问题时,销售部将负责与客户沟通,沟通的目的是获取客户需求信息,这些需求信息包括产品的名称、种类、数量、价格等内容。随后,销售部组织相关人员将订单产品的技术标准和产能进行充分评估,确认企业是否有能力满足客户需求。同时,还要分析企业的成本和利润情况。否则,即使可以满足客户需求,但无利润可赚,也不会接受该订单。

(2)制作/下达订单

制作/下达订单的过程是企业内部信息确认与传递的过程。制作订单的过程不仅要保证客户需求信息的准确性,还要考虑企业产品的库存数量以及被其他订单占用等情况。

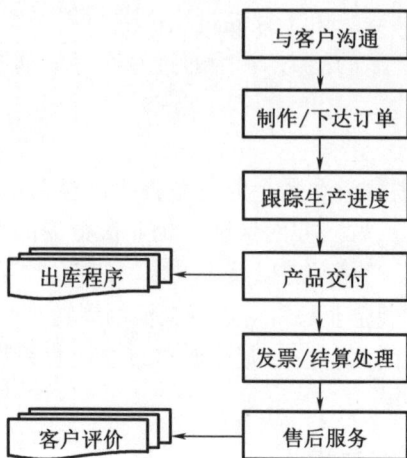

图 3-3　销售流程图

（3）跟踪生产进度

跟踪生产进度的工作内容是销售部门与企业生产部门的沟通过程,销售部门及时掌握订单任务的生产进程,方便其及时向客户通报订单完成情况,保证按期交付,提高客户的满意度。

（4）产品交付

到了交货期,销售部门应该及时与客户沟通交货地点和货物信息。如果交货地点在外地,销售部门还要联系运输事宜以及安排企业人员随车交付。

（5）发票/结算处理

销售部门在完成产品交付后,应根据订单信息向客户开具发票,并保证发票完好交付到客户手中。同时,将发票信息传达至企业财务部门办理结算或应收记账处理。

（6）售后服务

售后服务是销售部门在产品出现问题时,向客户提供帮助或解决方案的过程。该过程可以发现企业产品存在的问题,售后服务水平的高低直接影响企业在客户心目中的位置。即使产品没有问题,有些企业也会在交付之后向客户征询意见,作为企业改进生产或服务过程的依据。

2.采购管理系统核心组织流程分析

制造型企业的采购管理应该包括采购申请、编制采购计划、商品比价采购、供应商选择、拟订/签订合同、采购合同管理、采购付款、采购交付、供应商评价、发票校验与结算等内容。其流程体系如图3-4所示。

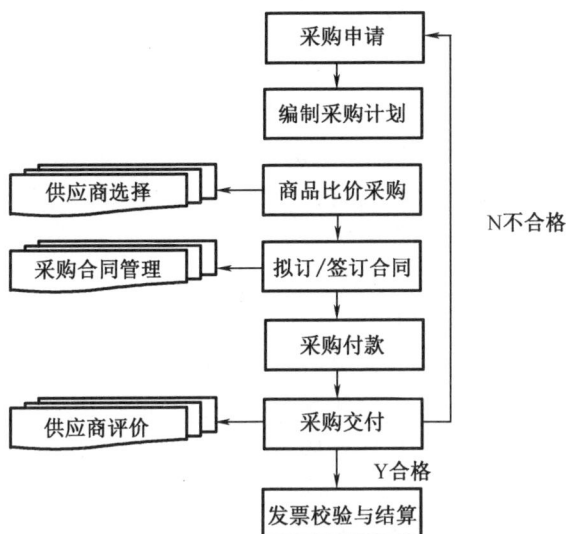

图 3-4　采购流程图

（1）采购申请

采购申请是采购管理流程中的第一项作业,该项作业的内容是根据组织系统的需要统计所要采购的物资的名称、种类、规格型号、数量及到货时间等信息。由于不同类型企业对于各类物资的需求方式不同,所以不同类型企业提出采购申请的方式也各不相同。

对于连续型企业来说,由于企业的生产或经营行为是不间断的,因此它们对于所需物资的需求也是不间断的。这些企业往往会备有一定数量的库存,一方面可以维持生产或经营行为的连续性;另一方面可以降低市场上物资价格波动给企业带来的成本风险。因此,连续型中小企业一般要根据库存量的变化定期制定出采购申请,补充库存物资的不足,以维持企业生产经营的连续性。

对于离散型企业来说,尤其是单件生产和订单型的企业,由于它们接受任务或订单的时间是随机的,无法保证生产经营的连续运转,这些企业往往不会大量存储物资,因为大量存储物资会增加企业的存储费用,物资在存储过程中会产生一定的损失。因此,对于离散型企业来说,采购申请的提出是要根据每次任务或订单所需物资的具体数额来决定的。这样的企业和连续型企业相比,提出采购申请比较频繁,周期也很短。

（2）编制采购计划

编制采购计划的过程实际上就是制造型企业优化采购成本的过程。在采购计划的编制过程中,不但要考虑经济采购批量,将不同采购申请中的物资进行合并,同时还要考虑部分常用物资的合理库存量以及资金的有效分配。毕竟对于这些企业来说,合理的采购计划意味着在满足企业生产经营的同时,还能够最大限度地减少资金的占用量,提高企业资金的利用率。

(3)商品比价采购

比价采购是制造型企业节约成本的一条重要途径。制造型企业在比价时,会根据企业供应商提供的产品价格信息,选择符合企业质量要求且价格低廉的供应商。同时会根据供应商所在地的运输成本和到货周期确定最终的供应商名单。比价采购的结果是企业获得价格低廉、到货周期短且质量过关的物资。

(4)拟订/签订合同

在确定采购计划以及供应商之后,制造型企业会根据需要拟订采购合同。合同信息包括企业所需物资的名称、规格型号、数量、价格、到货日期以及发票信息等。传统采购渠道情况下,制造型企业为了保证采购效率,往往会就近选择供应商。到了信息化和互联网技术高速发展的今天,制造型企业对于供应商的选择突破了地域限制,供应商的选择可以遍布全国甚至世界各地。并且,现代信息和通信技术让合同的签订过程在网络环境下实现,大大地提高了制造型企业的采购效率。

(5)采购付款

现代企业的采购付款过程十分简便,企业可以通过银行电汇、转账、支票、现金等多种渠道实现,效率很高。制造型企业也会根据企业的自身信誉和供应商的信誉选择提前支付、货到付款或者分批付款等方式。多种付款方式的存在在一定程度上缓解了企业资金链压力,同时也有利于制造型企业规避采购退货的风险。

(6)采购交付

采购交付过程一般在制造型企业内部完成,需要制造型企业的采购、库存和质量等多个部门共同完成。采购部门负责检验到货物资的规格型号、数量等信息是否正确。质量部门负责检验到货物资的质量是否符合企业标准。名称、规格型号、数量正确并且质量合格的物资才能够进入企业库存部门。如果物资名称、规格型号、数量有误以及质量不合格,企业的采购部门则需要与供应商联系退货、退款或修改发票信息等事宜。同时采购部门还要根据该批物资的整体状况修改供应商的评价信息,以便企业在下次采购过程中再次进行考虑。

(7)发票校验与结算

采购部门在收到供应商交付的发票之后要仔细核对发票信息与采购订单信息是否一致。如果有误,则需联系供应商更换发票;如果一致,则将发票转交财务部门进行结算或做应付记账处理。

3. 生产管理系统核心组织流程分析

生产制造是生产制造型企业的核心,生产制造系统的投入产出性能直接影响着企业组织流程性能的发挥。生产制造部门的职能是根据企业实际情况充分利用现有人力、物力,合理地分配和使用这些资源,并按照生产计划和客户需求生产出合格的产品。因此,组织流程中的活动通常包括接受生产任务/订单、制订物料需求计划、转交采购部门、制订生产计划、执行制造、仓库领料、产成品交付、办理入库手续等内容。具体流程如图 3-5 所示。

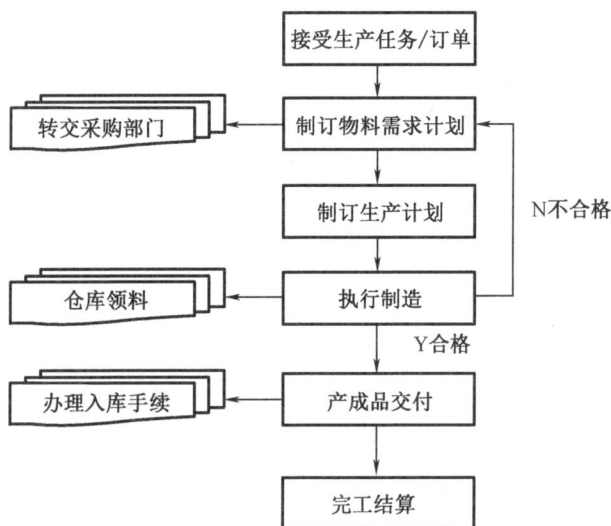

图 3-5　生产流程图

（1）接受生产任务/订单

在制造型企业中,接受生产任务/订单意味着任务/订单进入生产系统。生产制造部门每次在接受生产任务前,都要对其自身的生产能力进行评估,预估以目前的产能是否能保证交货期。当目前产能可以满足生产任务/订单要求时,生产制造部门接受任务;如果不能保证按期完成任务,则需要告知销售部门,让销售部门与客户协调更改交货期或终止合同事宜。

（2）制订物料需求计划

在生产制造部门执行生产任务前,首先需要根据订单内容制订物料需求计划。物料需求计划的编制要参考企业产品 BOM 清单,将订单中产品的 BOM 和产品数量加乘,其结果就是物料需求明细,再将明细中同类材料进行合并,最终就形成了该笔订单的物料需求计划。

（3）制订生产计划

制造型企业编制企业生产计划是根据生产任务的完工时间合理安排生产批次与进度的。企业编制排产计划要遵循三个原则:第一,保证交货期,即现有的产能必须保证按期完成生产任务;第二,最大限度地保证资源利用率;第三,避免工时、材料等浪费。企业生产计划一旦确定,生产制造过程就会按照生产计划进行。生产制造部门应定期检查生产计划的执行情况、每天的生产进度等,以便及时采取措施保证如期交货。

(4)执行制造

执行制造是生产制造部门的核心活动。在收到执行生产任务/订单的指令后,生产制造部门首先要进行一系列的生产准备工作。产前准备工作尽管和产品的生产过程有所区别,但这一过程在一定程度上是生产顺利进行的有力保证。一般情况下,产前准备工作包括材料的准备、生产资料的准备以及人员的准备等。材料准备是指生产部门凭领料单到仓库进行领料。领料单的顺序应和生产计划上排定的订单顺序保持一致。与此同时,生产操作人员开始执行工具、量具、图纸等产前准备工作。在生产任务执行过程中,生产制造部门在按时完成生产任务的同时,还要做好人工、物料消耗的统计、生产环境整理、产品合格率控制、生产进度控制、操作者培训、生产设备的日常保养等工作。

(5)产成品交付

生产制造部门的产品交付工作是将生产制作过程中产生的产成品以及将生产制造部门产生的废品、边角余料等交付给库存管理部门的工作。在此过程中,生产制造部门需要保证交付工作及信息传递工作的准确性和及时性。如生产制造部门不按时将产成品入库,那么库存信息就不会显示出某订单已经完工,造成无法按期交货。另外,生产制造部门如果不及时将边角料或可用余料退回到仓库,那么这些材料的信息也不会反映在库存账面上,这将导致采购部门无法制订最合理的采购计划,从而造成库存积压和资金占用情况严重。

(6)完工结算

生产制造部门在生产过程中完成相应的职能,将成品交付给库存管理部门,直至完成完工结算工作,其部门的运作才算结束。完工结算工作是将企业在生产制造过程中发生的数据进行统计、核算和分析的过程。包括人工、材料、制造费用等核算,产品合格率、设备利用率等统计工作。这些统计、核算的结果将被其他部门使用,作为企业决策和规划工作的依据。

4. 质检管理系统核心组织流程分析

质量管理一方面是制造型企业组织流程中的重要环节,同时也是其他组织流程有效运行的保证。质量管理工作在制造型企业中应该贯穿于从原材料到厂、经过各道工序、一直到形成产成品到达客户手中的全过程。通常情况下,制造型企业的质量管理工作应该包括:采购到货物资、质量检验、工序在制品(半成品)、产成品质量检验、质量记录/报告等工作。具体流程如图3-6所示。

(1)采购到货物资质量检验

采购到货物资质量检验的目的是保障企业能够从外部环境获取足够数量和质量的资源。只有经过质量检验合格的原材料或零部件才能进入生产环节。因此,采购到货物资质量检验工作的严格程度与执行力度直接决定了生产制造系统的产出效率和质量。

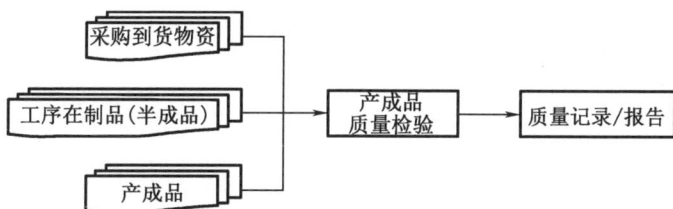

图 3-6 质量管理流程图

（2）工序在制品（半成品）质量检验

工序在制品（半成品）质量检验贯穿于产品生产过程始终，每道工序的产品（在制品）在转移到下一道工序前都要经过质量检验环节，否则存在问题的在制品一旦进入下一道工序必然会造成最终产品的质量问题，同时也会造成返工或报废等物质、人力、时间等资源的浪费。同时，工序在制品（半成品）质量检验环节的工作量通常取决于原材料最终形成产成品所需的工序数量、工艺的复杂程度以及产品的生产批量等因素。

（3）产成品质量检验

产成品质量检验是产成品最终形成的最后一次质量检验，在产成品质量检验过程中可以发现生产过程中漏掉的质量问题，保证了合格的产品流出企业。因此，产成品质量检验工作的作用显得尤为重要。

（4）质量记录/报告

质量记录/报告的作用一方面是保证产品质量的可追溯性，一旦发生产品质量问题，通过质量记录或报告追溯到问题的源头；另一方面，通过质量记录或报告的统计结果，可以判断制造型企业组织流程中的管理薄弱环节，同时可以用于判断企业组织流程中某个流程的绩效。因此，制造型企业应该重视质量记录或报告管理工作，将其作为组织流程评估工作重要的数据来源。

5. 库存管理系统核心组织流程分析

库存管理系统是制造型企业组织流程系统的重要部门，它掌握着企业生产经营过程中的各种物流信息。因此，制造型企业的库存管理部门不仅担负着企业内部全部物资的储存和管理任务，而且担负着制造型企业生产经营信息的统计与汇总任务。制造型企业库存管理流程包括入库程序、出库程序、库存盘点和数据维护等，具体流程如图 3-7 所示。

（1）入库程序

制造型企业入库程序涉及企业与外部环境之间、企业内部各部门之间的资源流通。例如，采购到货的物资、生产部门产生的产成品、废品等都需要通过入库手续进入企业仓库。存库部门工作人员的任务就是将入库物资信息记录在案，并将信息共享至相关部门。在这一过程中，信息的及时性和准确性对于企业部门组织流程运转的效率具有重要意义，同时也为企业领导机构制定经营策略提供了可靠的数据依据。

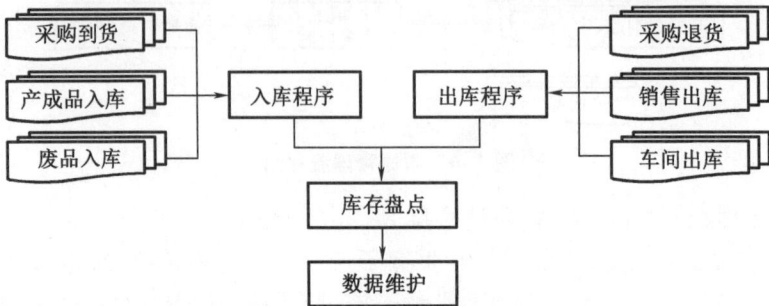

图 3-7　库存流程图

（2）出库程序

出库程序同样是企业与外部环境之间、企业内部各部门之间的资源流通过程。例如，一旦库存的物资在日后的使用过程中发现质量问题，采购部门就需要联系供应商协调更换或退货，需要更换或退货的物资必须经过库存管理部门办理出库手续；当销售部门办理产品交付或生产单位需要物资进入生产系统时，库存管理部门也要为指定的产成品或原材料办理出库手续。

（3）库存盘点

制造型企业库存盘点工作是将库存物资的账面信息与实际信息核对的过程。当一个任务或订单到来时，仓库管理人员配合盘点现存物料，以便及时准确地制订出采购计划。其余时间，企业要根据其特点制订月度、季度或年度盘点计划。

（4）数据维护

数据维护是企业库存管理工作的又一项重要内容，实时的维护工作可以保证库存数据的及时性，定期的数据维护可以保证库存数据的准确性。

在制造型企业中，库存管理工作质量的高低关系到企业资源使用效率的高低，是企业节约成本、提高资金利用效率的有效方法。制造型企业库存管理中存在的问题会掩盖企业很多弊病。对制造型企业而言，最好的库存管理目标是以尽可能低的库存水平确保企业的连续生产。

至此，本书对我国制造型企业的组织流程性能机理进行了较为详细的论述。目前，我国制造型企业组织流程性能管理的关键不仅是掌握这些原理，更重要的是让这些企业掌握能够运用这些原理的可行方法。不可否认，我国的中小型企业在组织流程性能的管理方面与大型企业或者国外企业之间存在着较大差距。但可喜的是，目前越来越多的企业认识到这一差距的严重性，有越来越多的企业开始关注自己企业的组织流程性能。作为一个理论研究者，本书所能做的就是为他们提供更多、更好、更加便捷的工具，指导这些企业了解自身存在的不足，掌握发现这些不足、解决这些不足的工具和方法。本书在以后的章节中将为我国的制造型企业提出有助于其实时监控其组织流程性能的评估模型以及提高组织流程性能的优化方法。希望这些工具和方法能够对提升我国制造型企业组织流程性能水平起到一定的积极作用。

参 考 文 献

[1]　高波,董晓龙.制造型企业市场可持续竞争力的仿真分析[J].管理现代化,2015,35(3):82-83,119.

[2]　彭苏秦,李卫红.基于进化博弈的制造型企业品牌战略影响因素分析[J].企业经济,2015(6):51-54.

[3]　牛占文,荆树伟,杨福东.基于精益管理的制造型企业管理创新驱动因素分析:四家企业的案例研究[J].科学学与科学技术管理,2015(7):116-126.

[4]　袁盈盈,张化尧.制造型企业技术能力构建的案例分析[J].科技管理研究,2015,35(13):97-101,107.

[5]　朱思然,吴小艳.制造型企业信息安全管理的现状及其对策研究[J].武汉理工大学学报(社会科学版),2015,28(2):158-162.

[6]　金珺,陈俊滢,张郑熠.现有制造型企业基于大数据的商业模式创新:以中易和为例[J].西安电子科技大学学报(社会科学版),2015,25(2):16-23.

[7]　邓浩然."走出去"制造型企业在海外本地化的税收风险及控制[J].国际税收,2015(4):19-22.

[8]　李卫红.基于G1法和复合线性矩阵的制造型企业品牌竞争力评价[J].企业经济,2015(7):79-83.

[9]　任宗强,赵向华.个性化定制模式下制造型企业知识管理与动态优化机制[J].中国管理科学,2014(A1):539-543.

[10]　段一群,杨玲,鲁倩.基于信息不对称的制造型企业与第三方服务商合作博弈分析[J].物流技术,2014(11):232-235.

[11]　陈文刚.电子商务背景下制造型企业物流管理创新[J].物流技术,2014(12):193-194,197.

[12]　朱思然,吴小艳.制造型企业信息安全管理的现状及其对策研究[J].武汉理工大学学报(社会科学版),2015,28(2):158-162.

[13]　金珺,陈俊滢,张郑熠.现有制造型企业基于大数据的商业模式创新:以中易和为例[J].西安电子科技大学学报(社会科学版),2015,25(2):16-23.

[14]　张晓萌,尹钧惠.基于价值链管理的制造型企业内部控制探讨[J].企业经济,2014(3):73-76.

[15] 施国洪,王佳.制造型企业 ERP 实施与经营绩效的关系研究:基于江苏省上市公司的相关数据分析[J].物流技术,2014(5):89-92,116.

[16] 刘越,蔡成喜,高臣.产业转型趋势下制造型企业老年人力资源开发途径研究[J].中国人力资源开发,2014(11):18-23,45.

[17] 霍燕.我国制造型企业风险识别与防范[J].统计与决策,2014(19):186-188.

[18] 陈华.制造型企业客户关系管理战略模型的构建与应用[J].科技管理研究,2013(17):196-199.

[19] 吴林飞,长青.制造型企业 ERP 与电子商务集成体系的绩效评价指标研究[J].科技管理研究,2013(21):147-151.

[20] 陈芝,任超,张人龙.云计算环境下制造型企业联合管理库存研究[J].管理现代化,2013(6):111-113.

[21] 卜建国,乔运华,侯佳佳.基于项目制造型企业的生产计划方法探究[J].制造业自动化,2013(6):32-33.

[22] 刘定坚.智造品牌制造型企业创建自有品牌的六种有效策略[J].企业管理,2013(5):6-9.

[23] 张琳,赵嵩正,蒋维扬.基于项目的制造型企业经营计划 MIS 设计与实现[J].科技管理研究,201(14):216-219,229.

[24] 舒谦,陈治亚.影响中国制造型企业研发投入的治理结构因素[J].科学学与科学技术管理,2013(9):97-106.

[25] 刘成明.制造型企业的协同管理模式[J].制造技术与机床,2013(11):133-136.

第四章　商贸流通型企业组织流程性能研究

商贸流通型企业是指商品流通和为商品流通提供服务的企业,主要包括批发和零售业企业、餐饮业企业、仓储业企业以及交通运输业企业等。商贸流通型企业及商品市场是连接生产与消费的中间环节,是工农、城乡和地区之间经济联系的桥梁和纽带,是社会化大生产的重要环节,是决定经济运行速度和效益的引导性力量,是反映经济发展和社会繁荣程度的窗口,是衡量综合国力和居民生活水平的晴雨表,是市场经济成熟程度的反映。

第一节　商贸流通型企业特征分析

商品流通是指商品从生产领域到消费领域所经过的买卖运动过程。简单商品流通形式可用"商品—货币—商品"来表示,发达的商品流通形式可用"货币1—商品—货币2"来表示。

广义上的商贸流通业是指与商品交换和商品流动直接相关的所有产业,如批发业、零售业、住宿餐饮业、交通运输业、仓储业、广告业、包装业、金融业、保险业、信息服务业等。从狭义上讲,它仅指批发业、零售业及其相关的物流、仓储等服务业。本书所指的商贸流通企业是狭义的商贸流通企业。

商贸流通企业的经营特征是"不从事生产而只从事商品交换。商品购进是商品流通的起点,这个过程就是拿着货币资金去购买商品;商品销售是商品流通的终点,这个过程就是卖掉商品获得增大了的资金的过程;大多数商品流通企业在购与销之间往往还有一个停留状态,即商品储存。商品流通企业主要通过商品的进销差价来获得利润"。比较而言,一个制造商可以通过借助产品研发来增加盈利,而流通企业没有研发和生产环节,其所得潜在利润往往来自经营方式的巧妙组合。所以本书认为扩大销售和降低进销费用是流通企业获取利润的两个重要途径。

目前,我国商贸流通型企业的生存与发展主要存在以下几方面问题。

1.流通效率低下,物流成本高

我国商贸流通企业在流动资本周转速度、企业库存、物流分销成本等许多方面都存在较大差距。据中华人民共和国商务部提供的数据,我国企业500强中的流通企业流动资金周转速度仅为 2~3 次,而发达国家流通企业资金周转速度达到 20 次以上。我国物流分销成本占销售额的 17%~20%,而欧美、日本只有 4%~7%。

2. 盲目扩张,缺乏规模效益

由于流通业进入门槛低,可以在低水平上迅速膨胀,很多商业资本片面追求大型化,重复建设。在价格战、促销手段上进行低水平过度竞争,造成规模不经济和社会资源的极大浪费。据中华人民共和国商务部统计,全国 100 多个大中城市营业面积在 5 000 平方米以上的大商场有 700 多家,近五年开业的数量是前四十年的总和,而销售额又没有随营业面积同步增长,利润水平反而下降。

3. 流通产业的市场组织化程度偏低

企业中重生产轻流通的陈旧观念依然存在,条块分割体制依然对跨地区、跨部门、跨所有制的商业发展构成极大限制,"小散差"现象十分普遍,传统业态比重偏高,现代流通方式发展不足。整体管理水平和信息化程度还比较低。与跨国商贸流通企业相比,物流配送成为我国流通企业的软肋。

4. 行业竞争激烈,利润率低

据国内贸易局统计数字,上半年全国十大商业零售单位平均利润率不到 2%,低于同期银行存款利率。零售商业已处于全面亏损境况之中,稍有不慎即将面临倒闭。各行业之间仍在进行恶性竞争,行业倾轧愈演愈烈。超市与超市之间、超市与传统零售商业之间、超市与批发商之间,抢地盘、抢客户、拼价格。一方面,一批大中小型商业企业纷纷关门倒闭;另一方面,超市与大卖场、批发交易市场之间,商业批发行业与零售业之间业态扁平化,促使商业企业之间的竞争进一步白热化。目前零售商业主体的超市群体经营利润主要来源却是非经营性收入,即通过一系列向生产企业所收取的各种进场费、店庆费、检测费、堆场费、上架费、促销费等名目繁多的费用来获得收入。

5. 负债率严重超标,财务风险大

从商业与生产企业之间的关系看,眼下流行"行大吃客、客大吃行",商业以其特殊的地位及角色,大量占用生产性企业商品资金,已成为行业潜规则,毫不过分地说,目前我国流通领域经营负债率严重超标,已到了危如累卵的境地。不少商业单位,仅因某种传闻或若干供应商公然撤回商品及催索货款顷刻倒闭,难怪商家、厂家无不抱怨:商业风险大,商业陷阱多。正因为生产企业流动资金被商业单位长期无偿占用,并且毫无道理地承担着本应由批发和零售企业承担的商业风险——而且今天这种商业风险正越来越大——结果导致新产品开发、推出无力,产品质量提高的成本难以消化,严重影响了工业企业生产资金的周转,制约了整个生产领域企业经济效益的提高及企业的发展。

第二节　商贸流通型企业核心组织流程的界定

通过对商贸流通型企业日常业务之间的关系进行分析,我们可以发现根据业务主体的不同,商贸流通型企业的业务总体上可分为物流和资金流两大部分;根据业务发生的时间顺序又可以进一步分为进货、销售和售后服务三个阶段。此外,物流的进货和销售两个过程还存在各自的逆向过程,即进货退货和销售退货,其核心组织流程如图4-1所示。

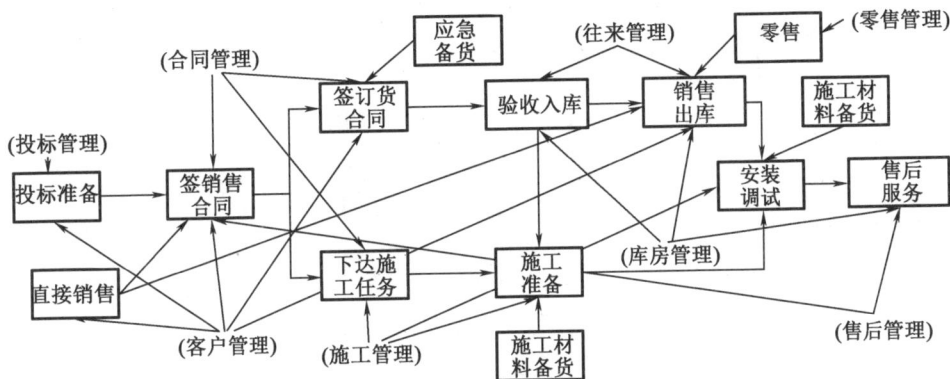

图4-1　商贸流通型企业核心组织流程

图4-1所示的流程图基本覆盖了计算机网络中心的主要业务活动。通过对该流程图的进一步细化,又可将该流程图分解为以下子流程:投标准备、签销售合同、应急备货、签订货合同、验收入库、销售出库、零售出库、施工受理、故障受理、销售退货、进货退货、借款、付款。

1. 签订销售合同

签订销售合同流程(图4-2)适用于根据客户的要求进行订货及销售的过程。

销售合同的内容可以由标书自动生成,也可以由销售人员手工输入。这两种方式的区别在于,由标书生成的销售合同若成本没有变化则不用经过审批可以直接生效;而由销售人员手工输入的销售合同必须经过销售经理的审批方可生效。若销售经理审批不通过则返回草稿状态供销售人员修改提交;若审批通过则自动进入商品订货阶段并通知商务人员准备订货。

2. 签订订货合同

签订订货合同流程如图4-3所示。

```
                    ┌──────────┐
                    │   开始    │◄───────┐
                    └──────────┘         │
                         │               │
                    ┌──────────┐         │
                    │确认合同信息│        │ N不合格
                    └──────────┘         │
                         │               │
┌──────────┐       ┌──────────┐         │
│交货能力评审│◄──── │  合同评审 │─────────┘
└──────────┘       └──────────┘
                         │ Y合格
┌──────────┐       ┌──────────┐
│销售合同管理│◄──── │拟订/签订合同│
└──────────┘       └──────────┘
                         │
                    ┌──────────┐
                    │  通知备货 │
                    └──────────┘
                         │
┌──────────┐       ┌──────────┐
│  财务结算 │◄──── │   结束    │
└──────────┘       └──────────┘
```

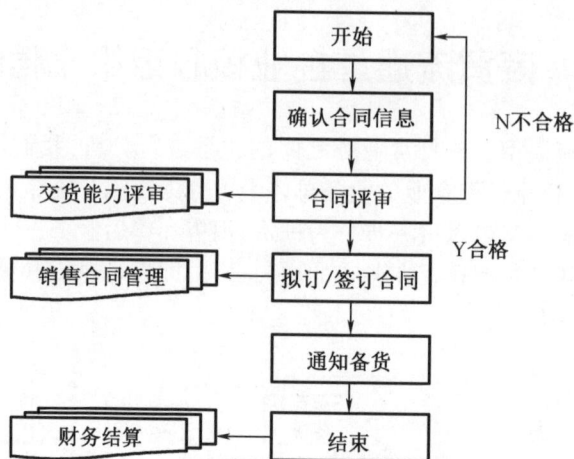

图 4-2　签订销售合同流程图

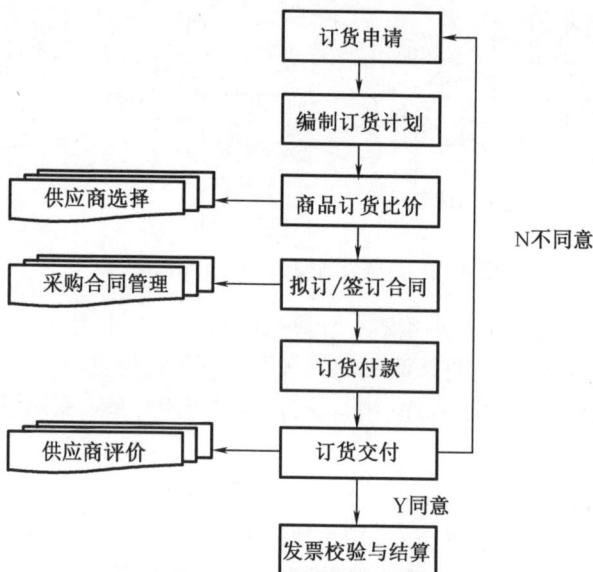

```
                    ┌──────────┐
                    │  订货申请 │◄───────┐
                    └──────────┘         │
                         │               │
                    ┌──────────┐         │
                    │编制订货计划│        │
                    └──────────┘         │
                         │               │
┌──────────┐       ┌──────────┐         │
│供应商选择 │◄──── │商品订货比价│        │ N不同意
└──────────┘       └──────────┘         │
                         │               │
┌──────────┐       ┌──────────┐         │
│采购合同管理│◄──── │拟订/签订合同│       │
└──────────┘       └──────────┘         │
                         │               │
                    ┌──────────┐         │
                    │  订货付款 │         │
                    └──────────┘         │
                         │               │
┌──────────┐       ┌──────────┐         │
│供应商评价 │◄──── │  订货交付 │─────────┘
└──────────┘       └──────────┘
                         │ Y同意
                    ┌──────────────┐
                    │发票校验与结算 │
                    └──────────────┘
```

图 4-3　签订订货合同流程图

　　订货合同的商品信息只能在销售合同或应急备货的商品信息中产生。订货合同一般都需要经过销售经理审批,除非订货合同的信息由销售合同生成,且订货价格不大于合同中指定的成本价。若销售经理审批不通过则返回草稿状态供商务人员修改提交;若审批通过则自动进入商品订货阶段并通知商务人员准备订货。

　　3.验收入库

　　订货商品到货后开始验收入库流程,如图4-4所示。

　　订货商品到货后,首先由库管人员下验收单,指定售后人员验收。售后人员接验收单后填写验收结果。验收报告提交后须经商务人员查验批复后方可进行入库。入库时库管人员须确认序列号方可完成入库过程。

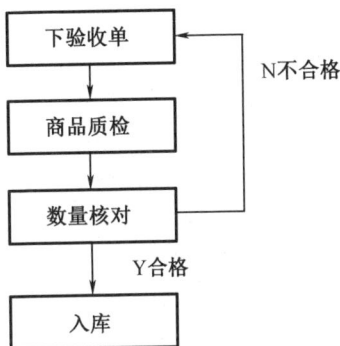

图4-4　验收入库流程图

4. 销售出库

销售合同商品到齐后,销售人员可以开始将商品出库,其基本流程如图4-5所示。

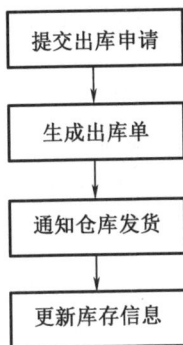

图4-5　销售出库流程图

销售人员首先根据库存情况填写出库申请。出库申请中的商品应与指定合同的商品清单一致。出库申请提交后由财务人员根据出库申请填写出库单。出库单与出库申请完全一致。出库单提交后须经库管人员确认出库商品的序列号后方可完成出库过程。

5. 销售退货

当客户因故需要退货时,由该商品的销售人员开始进行销售退货流程,其基本流程如图4-6所示。

当销售人员提交销售退货申请时,需要经过三个审批过程:销售经理负责确定是否允许退货;财务人员负责审核该退货过程是否存在财务上的风险;售后人员负责检查商品是否具备退货条件。上述三个审批过程均具有否决权,即只要有一项审批未通过则该退货过程自动结束。若审批全部通过则由财务人员填写退货入库单将商品正式入库。

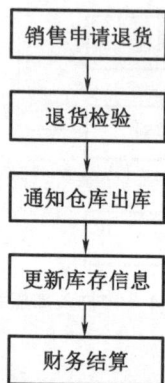

图4-6 销售退货流程图

参考文献

[1] 吴忠,费鸿萍,董鑫杰.不确定环境中企业的经营与管理:金融危机对外高桥保税区贸易型企业的影响及其应对策略[J].上海管理科学,2012(1):6-11.

[2] 贺盛瑜,陈煜.商业企业配送中心分拣计酬方式研究[J].企业经济,2010(5):73-75.

[3] 叶陈刚.国有大型商业企业改革模式研究:基于企业社会责任视角分析[J].企业经济,2009,(4):5-9.

[4] 李曙明.商业企业中运用JIT理论的采购模式研究[J].当代经济科学,2006(5):114-116.

[5] 周兵.国有商业企业管理弱化的经济博弈分析[J].中国流通经济,2005(9):34-36.

[6] 贺盛瑜,陈煜.商业企业配送中心分拣计酬方式研究[J].企业经济,2010(5):73-75.

[7] 王桂敏,李景芳.民营企业跨国并购的风险控制:基于并购交易流程的视角[J].工业技术经济,2010,29(7):44-46.

[8] 叶陈刚.国有大型商业企业改革模式研究:基于企业社会责任视角分析[J].企业经济,2009(4):5-9.

［9］　章宁,孙宝文.业务流程外包伙伴关系的风险管理［J］.经济管理,2009(3)：133-138.

［10］　张振华,汪定伟.基于BPR的电子中介业务流程［J］.东北大学学报,2005(11)：12-15.

［11］　吴清,刘嘉.企业研发外包中的交易效率与决策模型研究［J］.科技进步与对策,2011(10)：69-71.

［12］　徐辉.基于交易成本理论的知识流程外包研究［J］.理论探讨,2011(4)：174-176.

［13］　崔永梅,余璇.基于流程的战略性并购内部控制评价研究［J］.会计研究,2011(6)：57-62.

［14］　权锡鉴.大型企业市场链管理模式研究［J］.中国工业经济,2012(4)：128-140.

［15］　于兆吉,金仲.基于C2C交易流程的在线信誉影响机理研究［J］.东北大学学报(社会科学版),2012(5)：418-421.

［16］　王学东,朱洋,金芳芳,等.基于交易流程的网商信用体系研究［J］.现代情报,2013,33(9)：19-24.

［17］　毛光烈.第四方物流平台流程与制度一体化的创新性设计［J］.管理世界,2008(4)：8-14.

［18］　刘铁,李桂华,卢宏亮.购买流程客制化对在线零售品牌信任影响路径［J］.工业工程与管理,2014(5)：7-12,51.

第五章 服务型企业组织流程性能研究

服务型企业是指从事现行营业税"服务业"科目规定的经营活动的企业。与制造型企业相比,服务型企业的一个最大特点就是人力资本在企业资本中的占比高,人力资本已经成为服务型企业的"第一资源"。服务型企业的经营理念是一切以顾客的需求为中心;其工作重心是以产品为载体,为顾客提供完整的服务;其利润总额中,提供服务所创造的利润占据重要比例。与传统的产品型企业相比,服务型业能够更好地满足顾客的要求,提高顾客的满意度和忠诚度,增加服务型企业的利润,增强服务型企业的市场竞争 。

第一节 服务型企业特征分析

服务业与其他产业部门的基本区别是,服务业生产的是服务产品,服务产品具有非实物性服务业、不可储存性和生产与消费同时性等特征。

服务业和第三产业在日常应用上是有区别的。通过国民经济具体产业部门如农业、工业、建筑业等来描述国民经济产业部门时,就采用"服务业";通过国民经济产业发展层次如第一次产业(简称第一产业,下同)、第二产业等描述国民经济产业部门时,就采用"第三产业"。

现代服务业大体相当于现代第三产业。现代服务业是指以现代科学技术特别是信息网络技术为主要支撑,建立在新的商业模式、服务方式和管理方法基础上的服务产业。现代服务业既包括随着技术发展而产生的新兴服务业态,也包括运用现代技术对传统服务业的改造和提升。现代服务业有别于商贸、住宿、餐饮、仓储、交通运输等传统服务业,以金融保险业、信息传输和计算机软件业、租赁和商务服务业、科研技术服务和地质勘查业、文化体育和娱乐业、房地产业及居民社区服务业等为代表。

1.服务型企业经济活动最基本的特点

服务型企业经济活动最基本的特点是服务产品的生产、交换和消费紧密结合。由此而形成了其经营上的特点。

(1)范围广泛。由于服务业对社会生产、流通、消费所需要的服务产品都应当经营。因此,在经营品种上没有限制。服务业可以在任何地方开展业务,因而也没有地域上的限制。在社会分工中,是经营路子最宽、活动范围最广的行业。

(2)综合服务。消费者的需要具有连带性。如旅店除住宿外,还需要有通信、交通、饮食、洗衣、理发、购物、医疗等多种服务配合。大型服务企业一般采取综合经营的方式;小型服务企业多采取专业经营的形式,而同一个地区的各专业服务企业必然要相互联系以形成综合服务能力。

(3)业务技术性强。

(4)分散性和地方性较大。服务业多数直接为消费者服务,而消费是分散进行的。因此,服务业一般实行分散经营。各地的自然条件和社会条件的不同,经济、文化发展的一定差别,特别使一些为生活服务的行业,地方色彩浓厚,因而服务业又具有较强的地方性。

2. 服务型企业在国民经济中的作用表现

服务型企业在国民经济中的作用表现在以下几方面。

(1)服务业的发展,服务产品的增多,其结果会为社会增加物质财富,从而提高人民的物质文化生活水平。

(2)由于服务业有较高的劳动生产率,无论在宏观上还是在微观上,都为社会节约了劳动的时间。

(3)服务业既能加强生产与消费的联系,使产品顺利地经过流通到达消费领域;又能帮助消费者更好地利用产品,指导和扩大消费,加速社会的再生产过程;还能传递信息,促进生产者和消费者相互了解,因此,服务业在国民经济各个部门之间起联结作用和协调作用。

(4)服务业经营范围广,业务门路多,能容纳大量劳动力。发展服务业是解决和扩大劳动就业的重要途径。

2007 年,我国服务业在 GDP《国内的生产总值》中的比重占不到 40%,而在美国高达 80%,印度也高达 50%,"真正的机会在服务业,服务业可以创造大量就业机会,有利于维护社会稳定。"但是很多服务业如金融服务是垄断的,包括医院、教育等,在当前的经济形势下可以适当放松服务业管制,增加投资机会。

2012 年,服务业吸收外资占全国实际使用外资总额 48.2%,连续第二年超过制造业,比 2007 年提高 7.2 个百分点。高端产业吸收外资明显增加。2012 年,交通运输设备制造业实际使用外资金额 44.7 亿美元,同比增长 17.15%,通用设备制造业实际使用外资金额 42.17 亿美元,同比增长 31.82%。

第二节　服务型企业核心组织流程的界定

服务型企业核心组织流程的特点是以提供服务为核心,一般包括以下基本的组织流程:销售、采购、服务、反馈等,其核心组织流程如图 5-1 所示。

图 5-1　制造型企业核心组织流程

1.销售管理系统核心组织流程分析

销售管理是服务型企业内部最接近市场和顾客的职能部门。对于具有特定服务对象的企业而言,销售部门需要借助营销手段建立企业与客户之间的联系;对于没有特定服务对象的企业而言,销售部门的主要任务则是建立良好的企业形象以维持顾客的稳定性。我国服务型企业的销售管理流程如图 5-2 所示。

图 5-2　销售流程图

（1）客户需求确认

在服务型企业中,销售部门是企业与客户进行沟通的窗口。当接到客户需求时,销售部将负责与客户沟通,沟通的目的是获取客户需求信息,这些需求信息包括服务的内容、种类、数量、价格等内容。

（2）需求评审

随后,销售部组织相关人员将服务需求进行充分评估,确认企业是否有能力满足客户需求。同时,还要分析企业的成本和利润情况。否则,即使可以满足客户需求,但无利润可赚,企业也不会接受该订单。

（3）制作/下达订单

制作/下达订单的过程是企业内部信息确认与传递的过程。

2.采购管理系统核心组织流程分析

服务型企业的采购管理应包括采购申请、编制采购计划、采购商品比价、供应商选择、拟订/签订合同、采购订单管理、采购交付、收货入库处理、采购付款、发票校验与结算等内容。其流程体系如图 5-3 所示。

（1）采购申请

采购申请是采购管理流程中的第一项作业,该项作业的内容是根据组织系统的需要统计所要采购的物资的名称、种类、规格型号、数量及到货时间等信息。由于不同类型企业对于各类物资的需求方式不同,所以不同类型企业提出采购申请的方式也各不相同。

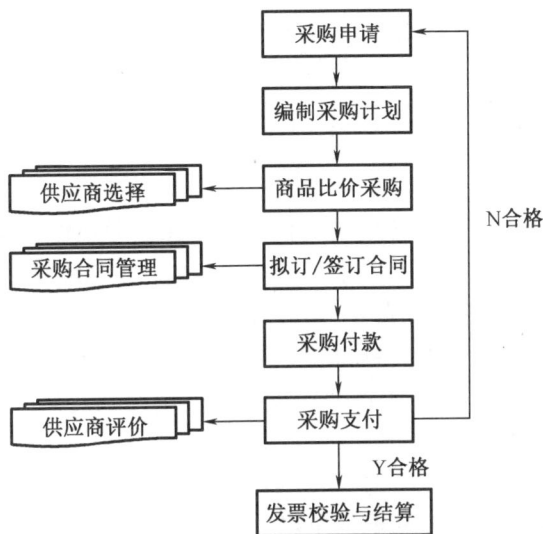

图5-3　采购管理系统核心组织流程分析图

（2）编制采购计划

编制采购计划的过程实际上就是服务型企业优化采购成本的过程。在采购计划的编制过程中，不但要考虑经济采购批量，将不同采购申请中的物资进行合并，还要考虑部分常用物资的合理库存量以及资金的有效分配。毕竟，对于这些企业来说，合理的采购计划意味着在满足企业生产经营的同时，能够最大限度地减少资金的占用量，提高企业资金的利用率。

（3）商品比价采购

比价采购是服务型企业节约成本的一条重要途径。服务型企业在比价时，会根据企业供应商提供的产品价格信息，选择符合企业质量要求且价格低廉的供应商。同时会根据供应商所在地的运输成本和到货周期确定最终的供应商名单。比价采购的结果是企业获得价格低廉、到货时间短且质量过关的物资。

（4）拟订/签订合同

在确定了采购计划以及供应商之后，服务型企业会根据需要拟定采购合同。合同信息包括企业所需物资的名称、规格型号、数量、价格和到货日期以及发票信息等。传统采购渠道情况下，服务型企业为了保证采购效率，往往会就近选择供应商。到了信息化和互联网技术高速发展的今天，服务型企业对于供应商的选择突破的地域限制，可以让供应商的范围涵盖全国甚至世界各地。并且，现代信息和通信技术让合同的签订过程在网络环境下实现，大大提高了服务型企业的采购效率。

（5）采购付款

现代企业的采购付款过程十分简便,企业可以通过银行电汇、转账、支票、现金等多种渠道实现,效率很高。服务型企业也会根据企业自身信誉和供应商的信誉选择提前支付、货到付款或者分批付款等方式。多种付款方式的存在在一定程度上缓解了企业资金链压力,同时也有利于服务型企业规避采购退货风险。

（6）采购支付

采购支付过程一般在服务型企业内部完成,需要服务型企业的采购、库存和质量等多个部门共同完成。采购部门负责检验到货物资的规格型号、数量等信息是否正确。质量部门负责检验到货物资的质量是否符合企业标准。物资名称、规格型号、数量正确并且质量合格物资才会进入企业库存部门。如果物资名称、规格型号、数量以及质量有误,企业的采购部门则需要与供应商联系退货、退款或修改发票信息事宜。同时采购部门还要根据该批物资的整体状况修改供应商的评价信息,以便企业在下次采购过程中再次进行考虑。

（7）发票校验与结算

采购部门在收到供应商交付的发票之后要仔细核对发票信息与采购订单信息是否一致。如果有误则联系供应商更换发票。如果一致,则将发票转交财务部门进行结算或作应付记账处理。

3. 服务管理系统核心组织流程分析

为顾客的服务过程是服务型企业的核心,服务系统的投入产出性能直接影响着企业组织流程性能的发挥。服务部门的职能是根据企业实际情况充分利用现有人力、物力,合理地分配和使用这些资源,并按照客户需求提供合格的服务。因此,组织流程中的活动通常包括接受生产任务/订单、制定物料需求计划、制定服务计划、提供服务等内容。具体流程如图 5-4 所示。

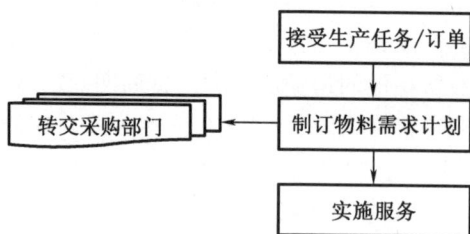

图 5-4　服务管理系统核心组织流程分析图

（1）接受生产任务/订单

在服务型企业中,接受生产任务/订单意味着生产任务/订单进入服务系统。服务部门每次在接受生产任务前,都要对其自身的服务能力进行评估,看以目前的产能是否能满足顾客需求。当目前服务能力可以满足顾客需求时,服务部门便接受生产任务。

（2）制订物料需求计划

在服务部门执行服务任务前,首先需要根据实际需要制定本次服务所需物料清单,最终就形成了本次服务的物料需求计划。

（3）实施服务

实施服务是服务型企业的核心活动。在收到需要执行的任务/订单的指令后,服务部门首先要进行一系列的服务准备工作。一般情况下,服务前准备工作包括材料的准备以及人员的准备等工作。

4. 服务质检管理系统核心组织流程分析

服务质量管理是服务型企业组织流程中的重要环节,也是其他组织流程有效运行的保证。服务质量管理工作在服务型企业中应贯穿于从接受服务任务、服务前准备、一直到完成服务的全过程。通常情况下,服务型企业的服务质量管理工作应该包括:顾客意见反馈、服务质量提高方案制定、服务质量调整结果评估等工作。具体流程如图5-5所示。

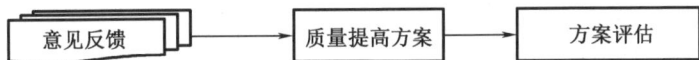

图5-5　服务质检管理系统核心组织流程分析图

至此,本书对我国服务型企业的组织流程性能机理进行了较为详细的论述。目前,我国服务型企业组织流程性能管理的关键不仅是掌握这些原理,还是让这些企业掌握能够运用这些原理的可行方法。在以后章节,本书将对我国的服务型企业提出有助于这些企业实时监控其组织流程性能的评估模型以及提高组织流程性能优化方法。希望这些工具和方法能够对提升我国服务型企业组织流程性能水平起到一定的积极作用。

参 考 文 献

[1]　涂远芬.中国企业的自我选择效应与出口学习效应研究:基于制造业与服务业企业层面的比较分析[J].当代财经,2014(8):89-101.

[2]　王小娟,李红霞.电子商务服务业企业绩效评价指标体系的构建[J].技术经济,2014,33(6):32-37.

[3]　张骁,钱海燕.服务业企业国际扩张的影响因素研究[J].南京大学学报(哲学.人文科学.社会科学版),2012(4):60-67,158-159.

[4]　英英,高昌林,玄兆辉,等.我国服务业企业R&D投入现状及国际比较[J].中国科技论坛,2012(11):47-50,57.

[5]   张骁,钱海燕.服务业企业国际化成长的知识整合特性:理论框架及作用机制[J].经济管理,2012,34(4):59-66.

[6]   付秋芳,王文博.服务业企业的新型运作模式:服务供应链协同:以广东省服务业为例[J].国际经贸探索,2010,26(3):24-29.

[7]   蔡兴,冯志坚,刘亚军.服务业企业海外市场进入模式选择研究[J].世界经济与政治论坛,2008(2):20-25.

[8]   顾青,蔡伟贤.企业资源的演进与服务业企业内部利益的分配[J].求索,2008(7):32-34.

[9]   吕志华,刘长庚,葛玉萍.多边投资体系对我国服务业企业发展的影响[J].国际贸易问题,2007(3):104-108.

[10]   郑吉昌,夏晴.服务业企业国际化经营的动因与进入模式的选择[J].社会科学家,2004,19(4):77-81.

[11]   丁宁.服务业企业概念创新模型与创新实质[J].科学管理研究,2003(2):15-19.

[12]   王益民,宋琰纹.服务业企业海外市场进入模式选择的理论分析[J].国际贸易问题,2002(12):44-48.

[13]   蔡宏波,胡翔斌,赵春明.服务进口与就业性别歧视:基于中国服务业企业数据的检验[J].经济管理,2014,36(12):24-30.

[14]   王翔,肖挺.产业融合视角下服务业企业商业模式创新绩效分析[J].技术经济,2015,34(5):48-57.

[15]   汪贤武.通信服务业企业社会责任评价研究:基于多层次—模糊综合评价方法[J].华东经济管理,2015,29(7):138-142.

[16]   任志涛,高素侠.PPP项目价格上限定价规制研究:基于服务质量因子的考量[J].价格理论与实践,2015(5):51-53.

[17]   苏秦,欧阳智.基于服务质量的知识流程外包契约研究[J].工业工程与管理,2015(3):1-7.

[18]   李坚飞.服务质量交互系统要素结构的研究综述[J].财经论丛,2014(4):81-85.

[19]   孟庆良,卞玲玲,何林,等.整合 Kano 模型与 IPA 分析的快递服务质量探测方法[J].工业工程与管理,2014(2):75-80,88.

[20]   常亚平,肖万福,阎俊,等.C2C 环境下服务质量对阶段信任的影响研究[J].管理学报,2014(8):1215-1223.

[21]   吴金南,尚慧娟.物流服务质量与在线顾客忠诚:个体差异的调节效应[J].软科学,2014,28(6):113-116.

[22]   王文隆,刘新梅.基于服务质量保证策略的定价、补偿和缺陷承诺[J].管理

学报,2014(9):1390-1395.

[23] 李雪欣,王迪,叶乔伊.基于 SSTs 情境的服务质量、顾客满意与渠道迁移关系研究综述[J].辽宁大学学报(哲学社会科学版),2014(5):117-123.

[24] 秦星红,苏强,洪志生,等.服务质量约束下网络商店与物流服务商协调模型[J].同济大学学报(自然科学版),2014(9):1444-1451.

[25] 张重阳,樊治平,于超,等.基于顾客群体语言评价信息的服务质量评价方法[J].东北大学学报(自然科学版),2014(11):1655-1658.

[26] 聂进,郭章根.网络金融信息服务质量评价研究:以垂直财经网站为例[J].图书情报知识,2014(6):91-100.

[27] 陈文沛.物流服务质量、网络顾客满意与网络顾客忠诚:转换成本的调节作用[J].中国流通经济,2014,28(10):44-51.

[28] 王高山,于涛,张新.电子服务质量对用户持续使用的影响:顾客契合的中介效应[J].管理评论,2014(10):126-137.

第六章　企业组织流程性能评估研究

组织流程性能评估是企业流程管理研究的一项重要内容,它通过分析企业组织流程与环境交互的各方面指标因素,运用一定的评价方法进行分析而得出测定结果,从而有效地指导企业进行自我评估。因此也可以将其分为两方面:指标的选取和评估方法的研究。

第一节　企业组织流程性能评估指标集

在企业组织流程性能的总体评价方面,很多专家、学者做了很多相关的研究。例如,Teng 提出采用中介度(degree of mediation)和协调度(degree of Collaboration)来判断这种流程的性能;朱家饶、徐贤浩等人采用的是流程绩效来评价企业组织流程的性能;刘飚、蔡淑琴等提出采用组织流程综合性能来评价企业组织流程的性能……这些研究结果给了本书很好的启示,但是对于我国企业来说,他们在资源能力、资金能力、设备能力、人员素质等方面都弱于大型企业的前提下,对其组织流程性能的评估指标应体现出企业特征:①不但能够同时反映企业组织流程整体性能和各个部门内部组织流程性能的高低,还应体现来自流程中时间利用效率的评价指标。因为对于企业来说,时间的利用和浪费情况同样对企业的生存能力产生重要作用。②对于产品成本的评价指标除了物化成本外,还包括能够对产品最终成本形成的影响的作业成本等指标。③对生产过程的评价除了要考核产出量外,还应考虑对整个生产流程效率产生的影响的由产品质量问题造成的返修、返工和废品等指标。④除了对人员工作效率进行考核外,还包括人员以外的设备、原材料等物资资源的利用效率指标。这样不但反映了企业组织流程整体及局部性能表现结果的要求,同时体现了企业利用有限资源争取市场份额的企业规模特征。因此,基于上述四方面原因考虑,本书拟采用组织流程的功效系数作为判断企业组织流程整体性能以及流程单元性能的标准。

一、组织流程功效系数

在企业中,各部门要想维持其流程单元的正常运行就必须借助企业对各单元流程的资源"输入"才能获得一定的"输出"。流程单元的功效系数反映的是企业组织流程运行过程中投入资源后产出表明活动成效结果的合理性,即企业组织流程性能的高低。对企业流程单元功效系数的评价依据是各流程单元的"输入"数据和"输出"数据。输入数据是指流程单元为了进行流程活动所消耗的某些资源量,如投入的资金、投入的人员数量等;输出数据是指流程单元经过一定的资源投入后,产生的表明该活动成效的某些信息量,如各流程单元的效率、成本、各类型产品的数量、产品的质量、流程单元中各种资源的利用效率等。根据输入数据和输出数据来评价流程单元的优劣,即所谓评价企业各部门组织流程性能的相对有效性。

通过流程单元功效系数分析,可以确定企业内部各部门是有效、弱有效,或是无效,为企业提供更多的管理信息。同时,流程单元功效系数还能够判断企业各部门的投入规模是否恰当,并给出各个部门流程单元调整投入规模的正确方向和程度的建议。

在企业组织流程性能的具体评价方面,在对大量前人的研究结论的整理与分析可知,这些组织流程性能评估的具体指标涉及两方面:①衡量流程本身运行水平的指标,如流程效率、流程质量等;②流程运行对企业绩效水平产生的影响评价,如流程成本、资源利用率等。综合上述针对企业组织流程性能机理的分析,通过研究、比较,依据企业组织流程性能因素的可控性原则,本书选取了效率、成本、质量和资源利用率四个可量化指标对企业组织性能进行评估。

二、组织流程运行效率

企业任何组织流程都有输入和输出过程,输入过程包括实物形态的资源输入和非实物形态的控制指令、信息等资源输入;输出过程同样存在实物形态的资源输出和非实物形态的输出。企业实施组织流程管理的目标是用尽可能少的资源投入换取尽可能多的产品产出,即在单位时间内最大限度地获得组织流程性能。

通过对企业组织流程的分析,可以发现企业组织流程的执行过程与排队系统之间存在很多相似之处。企业的组织流程中有请求服务的任务,如信息、生产任务等。在排队论中统称它们为"顾客";企业所有执行任务的人或设备,在排队论中都可以被看作"服务台";当"顾客"到达服务系统后,都要根据企业的生产安排依次到达指定的"服务台"接受处理。因此,企业组织流程具有排队过程的典型特征,如果将整个组织流程看成为一个服务机构,那么整个组织流程的输入过程就可以看作是一个队列,它们在组织流程接受服务前进行排队等待服务,接受流程服务后转变为流程的成果,即产成品或半成品。

当企业组织流程中的作业需要多项不同的资源时,那么整个流程系统就相当于一个多队列排队系统。对于生产任务,可以依据企业的基础工作量统计资料,将组织流程或作业所要完成的产品折算为相当数量的资源,并将此数量的资源看作是组织流程或流程作业排队系统顾客的到达量。在这一过程中,企业组织流程效率可以通过以下三个指标体现出来。

1.组织流程的响应时间

组织流程的响应时间实际上是一个综合指标,反映了组织流程对系统任务的接受和执行的能力。它可以具体到流程周期时间、流程中有效工作时间和流程中的非工作时间等。企业的组织流程周期时间定义为系统中任务开始执行到任务结束的时间总和。这一指标反映了企业中流程的时间性能,它包括组织运转一次的全部时间,需要尽量控制组织流程周期时间的长度,周期时间越长,响应市场的速度越慢,组织流程的效率越低。流程中有效工作时间是指在流程中用于形成产品价值的工作时间的总和。在组织流程周期固定的情况下,应该尽量提高流程中的工作时间,减少活动等待的时间,这样才能在有限的时间内提供更多的产品或服务。流程中的非工作时间是指流程周期时间与流程中有效工作时间的差额,它意味着系统资源的浪费,因而企业应该尽量控制非工作时间,以提高组织流程效率。

2.流程活动响应时间

流程活动响应时间反映了流程中具体活动的效率,包括活动时间和活动等待时间等指标。活动时间是指某项工作所需时间的总和,而活动等待时间是指某项工作开始前等待人员、工具、设备等资源就位时间的总和。企业应充分利用活动的工作时间,控制流程中活动的等待时间,活动时间所占比例越高,组织流程的效率也就越高。

3.流程队列长度

在排队论中的通常采用平均队长、平均队列长、忙期概率、闲期概率等指标来衡量排队系统的效率。在企业中,如果组织流程中某个作业的运行效率相对较高,则该作业所处的排队系统的等待作业处理的资源队列就较短,闲期概率也较大;如果组织流程中某个作业的运行效率较低,情况则相反。因此,这些排队论中的指标也可以用于企业组织流程性能评估。

三、组织流程成本

组织流程成本是由流程中所有执行过的作业成本累计得来的,组织流程成本反映了企业组织流程运行过程中的经济合理性,从而反映出组织流程性能的高低。

根据分析的目的的不同,统计组织流程运行成本的方法也不同,可以分为以下三类。

1.按时间类型统计

当将企业成本按时间类型统计时,成本由标准成本和超时成本构成。标准成本是指活动在执行工作时间表之内任务所消耗的成本。超时成本是活动在工作时间表之外任务所消耗的成本。对于一般企业来说,企业的标准成本相对稳定,那么控制超时成本便成了企业加强管理水平,提高组织流程性能的途径之一。

2. 按价值类型统计

当将企业成本按价值类型统计时,流程的总成本可以按照作业类型的分类方法将总成本分为增值作业成本和非增值作业成本两个部分。

3. 按资源类型统计

当将企业成本按资源类型统计时,流程的总成本可以按照作业成本的划分方式分为流程变动成本、流程长期变动成本、流程固定成本三个部分。

不管采用哪种方法,总成本的统计结果在数值上是一样的。但不同的成本构成方式,反映了不同的意义。这取决于企业采用的会计核算方式和所关注焦点的不同。因此,企业可以根据不同的分析目的选择不同的成本统计方法。

为了更直观地反映企业组织流程对于各种资源的消耗情况,本书选择按照资源类型统计组织流程的运行成本,即从组织流程的变动成本、长期变动成本和流程固定成本三方面考核组织流程运行成本的具体情况。

(1)流程变动成本

流程变动成本是组织流程中各项作业中附加的变动成本总和,其中变动成本的概念类似于传统管理会计中的变动成本,如每项作业消耗的材料、人工等。流程变动成本总额随产量正比例变动,而单位作业变动成本在相关范围内保持不变。

(2)流程长期变动成本

流程长期变动成本是组织流程中各项作业长期变动成本的总和。流程长期变动成本是以作业为分配间接费用为基准,它随着作业量变动而正比例变动,并持续作用于两个作业间隔期间。

(3)流程固定成本

流程固定成本是组织流程中各项作业固定成本的总和,作业固定成本不随产品数量和作业数量的变动而变动,即流程固定成本在一定时期内相对稳定不变。

在分析企业组织流程成本时,应充分考虑到作业执行时间对流程成本的影响作用。由于作业的执行时间直接关系到作业变动成本中的人工成本、作业固定中的部分设备使用成本的使用情况。因此,作业执行过程所消耗的时间越长,活动的成本越高、活动的等待时间也就越长、成本的无谓消耗掉也就越大。同时,企业组织流程的作业成本与生产复杂度和产品产量密切相关。在同样的生产复杂度程度下,生产任务中产品数量越多,分摊到每个作业的成本就越低。在同样的生产任务量下,生产工艺越复杂,生产设备启动和设置成本往往越高,这将导致作业长期变动成本的增加。

四、组织流程质量

目前,理论界和企业界对组织流程质量的定义是一个广义的概念,其具体含义可以通过数量和质量两个方面展开:企业组织流程质量在数量方面体现的是系统流程的产出能力,一个质量良好的组织流程应该具备较高的系统产出能力。企业组织流程质量在质量方面体现的是流程产出结果的质量,这里的质量同样体现在两个方面:一方面是针对产品质量满足企业内部检验采用的标准层面,可以用"符合性"这个概念加以概括;另一方面是针对产品满足消费者质量需求的标准层面,可以用"适用性"这个概念来概括。

在组织流程质量的"符合性"层面上,企业的任何产品及其规格、型号、技术参数等方面都必须按其相应的标准执行,只有符合这些标准的产品才是质量合格的产品。反之,就是残次品或不合格品,一般不能进入市场流通环节。"符合性"流程质量的表述比较直观、具体,是非分明,容易掌握。因此,"符合性"标准应该是企业产品质量的最基本的判断标准。在组织流程质量的"适用性"层面上,判断产品质量是否"合格"的标准已跳出了那些消费者并不了解的规格、参数等具体的标准,而是由产品本身包含的用来满足消费者需求的特征所决定,并且将决定权交到消费者手中。但是,毕竟顾客对产品质量的喜好是因时、因地、因人而异的。因此,"适用性"层面上质量的含义要比"符合性"更加抽象。但对于企业来说,只有严格执行产品质量的"符合性"标准,产品质量的"适用性"标准才能更容易地获得顾客的认可。

于是可以得出:企业组织流程的质量指标应该由产品质量的"符合性"指标和"适用性"指标共同构成。"符合性"指标通常包括:废品率(量)、次品率(量)、返工率(量)等。"适用性"指标可以用退货率、质量售后服务概率等指标进行量化。企业可以根据其企业生产类型的特征和企业的管理需求选择不同的流程质量评价指标,来评价企业的组织流程质量。

五、资源利用率

企业通常使用资源利用率来衡量企业对资源分配、使用的合理化程度,这对于分析企业组织流程瓶颈、判断资源配置的合理性具有重要意义。对于非消耗类资源来说,资源利用率等于资源使用时间与资源使用时间和空闲时间和的比值;对于消耗类资源来说,资源利用率等于资源使用数量与资源总数量的比值。

具有较高资源利用率的资源是可以看作是企业的核心资源,容易成为企业运作过程中的瓶颈。为了提高组织流程性能,企业应该购买新的资源或者改变企业的流程;较低的资源利用率说明企业存在流程安排不当,或者该资源是流程运行并不需要的资源。

第二节　企业组织流程效率指标计算方法

在上一节,本书提出了不同类型企业组织流程性能评估指标集。在指标集中,组织流程效率指标的取值一方面与不同类型企业组织流程系统内的诸多变量相关,另一方面依赖于计算指标的数学方法是否科学。所以,本节将结合排队理论对不同类型企业组织流程效率指标的计算方法展开论述,为下文建立实时仿真评估平台奠定基础。

在计算企业组织流程周期时间、活动响应时间等指标之前,首先需要了解不同类型企业组织流程的平均队长、平均队列长、平均等待时间、平均逗留时间、闲期概率和忙期概率等信息。由于我国企业类型较多,不同类型企业获取上述信息的方法也略有差别,因此必须区别对待。

一、多任务、单作业的组织流程排队模型

单作业的组织流程排队模型按照其任务形式不同可分为单任务和多任务的单作业组织流程排队模型。由于单任务、单作业模型较为简单,通过多任务、单作业模型中任务的定义转换同样可以进行分析。因此,本节在这里只分析较为复杂的多任务、单作业模型。

在多任务、单作业模型中,如果流程队列里有 n 个任务等待接收处理,并且这些任务之间存在协作关系,即这 n 个任务全部抵达某项作业时,该项作业才能启动。

如图6-1所示,企业组织流程多任务、单作业模型的顾客特征是多队,且队长没有限制。该模型中服务机构的特征是单作业,各组任务具有独立的服务时间,任务的到达时间通常情况下服从一定的指数分布。

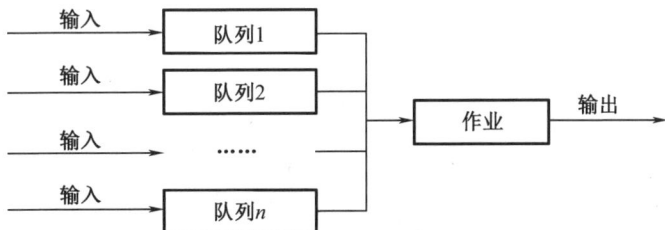

图6-1　多任务、单作业流程排队模型

在处理多任务、单作业模型时企业需要考虑的是稳态解,稳态解是指流程运行时间足够大,使得流程状态的概率分布不随时间而变化时得到的解。通常情况下,系统要经过无限长的时间才会进入稳态。因而采用仿真技术计算组织流程系统的

相关指标,需要在系统进入稳定状态再进行指标采集和运算工作,这样才能得到相对准确的结果。

假设某企业组织流程的排队模型为 M/M/1 模型,各项任务所提供的资源平均有效到达率为 $\lambda' = \min\lambda_i$,其中 $i = 1, 2, \cdots, n$,在考虑该流程稳态解的情况下,流程有关运行指标为

$$L_s = \frac{\lambda'}{\mu - \lambda'} \tag{6.1}$$

$$L_q = \frac{\lambda'^2}{\mu(\mu - \lambda)} \tag{6.2}$$

$$W_s = \frac{1}{\mu - \lambda'} \tag{6.3}$$

$$W_q = \frac{\lambda'}{\mu(\mu - \lambda')} \tag{6.4}$$

$$P_忙 = \frac{\lambda'}{\mu} \tag{6.5}$$

$$P_闲 = 1 - P_忙 \tag{6.6}$$

以上公式是以最小平均到达率计算,式中 λ' 为任务所提供的资源平均有效到达率;μ 为平均服务率;L_s 为平均队长;L_q 为平均队列长;W_s 为任务平均逗留时间;W_q 为平均等待时间;$P_忙$ 为单一作业的流程忙期概率;$P_闲$ 为单一作业的流程闲期概率。

为了分析企业组织流程模型中各队列的运行数据,各队列相关指标的计算公式如下:

$$L_{si} = \frac{\lambda_i}{\mu - \lambda_i} \tag{6.7}$$

$$L_{qi} = \frac{\lambda'^2}{\mu(\mu - \lambda_i)} \tag{6.8}$$

$$W_{si} = \frac{1}{\mu - \lambda_i} \tag{6.9}$$

$$W_{qi} = \frac{\lambda_i}{\mu(\mu - \lambda_i)} \tag{6.10}$$

上述公式中,所有的 i 都符合 $i = 1, 2, \cdots, n$。

二、单任务流水线型组织流程的排队模型

因为在企业组织流程中标准的排队模型并不常见,企业在现实的经营过程中组织流程通常表现为一个复杂的排队系统。在分析这样相对复杂的组织流程系统时,需要先从简单的单一作业流程开始。对于单任务、多作业流程排队论模型来

说,首先要符合以下规则:①模型具有无限的任务源;②系统为作业单元配备的资源按照固定的配比并且相互独立。其次该模型要符合以下排队规则:①单队,且队长没有限制;②服务规则要根据企业的要求确定。最后该模型的服务机构要包括多个服务台,并且服务时间是相互独立的。单一作业流程模型存在两种情况:一种是流水线型流程排队模型,即一项任务在组织流程中各项作业中顺序经过,当任务经过组织流程中所有作业后才意味着该项任务最终完成;另一种是单任务协作型排队模型,即组织流程中的任务需要不同作业协作完成,该项任务在经过流程中所有作业协作后才能完成。单任务流水线型排队模型如图6-2所示。

图6-2　单任务流水线型流程的排队模型

为了便于分析,本书假设任务平均到达率为以 λ,组织流程中有 n 项作业,各项作业的服务强度为 $\mu_i(i=1,2,\cdots,n),\mu_i>\lambda$。根据排队理论可知,当 $\mu_i<\lambda$ 时,企业的组织流程中会出现无限队长,这意味着企业无法按时完成产品生产任务。因此本书不再讨论 $\mu_i<\lambda$ 的情况。假设组织流程中各项作业排队模型为M/M/1模型,那么该企业在稳态情况下,组织流程中的主要运行指标为

$$L_{si}=\frac{\lambda}{\mu_i-\lambda} \tag{6.11}$$

$$L_{qi}=\frac{\lambda^2}{\mu_i(\mu_i-\lambda)} \tag{6.12}$$

$$W_{si}=\frac{1}{\mu_i-\lambda} \tag{6.13}$$

$$W_{qi}=\frac{\lambda}{\mu_i(\mu_i-\lambda)} \tag{6.14}$$

$$P_{忙i}=\frac{\lambda}{\mu_i} \tag{6.15}$$

$$P_{闲i}=1-P_{忙i} \tag{6.16}$$

式中,λ 代表组织流程系统中任务平均到达率;μ_i 代表作业 $i(i=1,2,\cdots,n)$ 的平均服务率;L_{si} 代表作业 $i(i=1,2,\cdots,n)$ 的平均队长;L_{qi} 代表作业 $i(i=1,2,\cdots,n)$ 的平均队列长;W_{si} 代表任务在作业 $i(i=1,2,\cdots,n)$ 的平均逗留时间;W_{qi} 代表任务在作业 $i(i=1,2,\cdots,n)$ 的平均等待时间;$P_{忙}$ 代表作业 $i(i=1,2,\cdots,n)$ 的忙期概率;$P_{闲}$ 代表作业 $i(i=1,2,\cdots,n)$ 的闲期概率。

假设企业的整个组织流程在持续运行、没有中断情况下,相关指标计算公式如下:

$$L_q = \frac{\lambda^2}{\mu_1(\mu_1 - \lambda)} \tag{6.17}$$

$$W_s = \sum_{i=1}^{n} \frac{1}{\mu_i - \lambda} \tag{6.18}$$

$$W_q = \frac{\lambda}{\mu_1(\mu_1 - \lambda)} \tag{6.19}$$

$$L_s = \sum_{i=1}^{n} \frac{\lambda}{\mu_i - \lambda} \tag{6.20}$$

$$P_{忙} = \frac{\lambda}{\sum_{i=1}^{n} \mu_i} \tag{6.21}$$

$$P_{闲} = 1 - P_{忙} \tag{6.22}$$

式中个符号含义同前所述。

三、单任务协作型的组织流程的排队模型

为了分析的方便,本书假设一个由四个作业组成的单任务协作模型,任务首先经过作业 1 处理,然后由作业 2 和作业 3 协作完成处理,最后经过作业 4 形成最终产品(图6-3)。

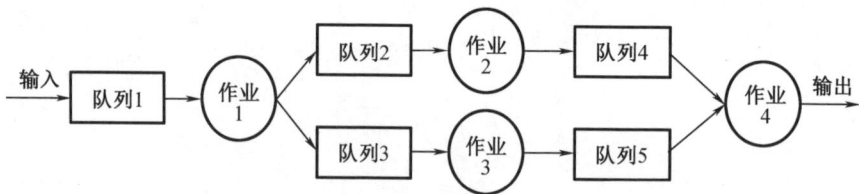

图 6-3 单任务协作型流程的排队模型

因为企业组织流程中各项作业的完成时间是相互独立的,假设 $\mu_i > \lambda_i$ ($i = 1$, $2, \cdots, n$),且组织流程中各项作业排队系统符合 $M/M/1$ 模型,在稳态情况下,组织流程中各项作业指标的计算公式为

$$L_{si} = \frac{\lambda_i}{\mu_i - \lambda_i} \tag{6.23}$$

$$L_{qi} = \frac{\lambda_i^2}{\mu_i(\mu_i - \lambda_i)} \tag{6.24}$$

$$W_{si} = \frac{1}{\mu_i - \lambda_i} \tag{6.25}$$

$$W_{qi} = \frac{\lambda_i}{\mu_i(\mu_i - \lambda_i)} \tag{6.26}$$

$$P_{忙i} = \frac{\lambda_i}{\mu_i} \tag{6.27}$$

$$P_{闲i} = 1 - P_{忙i}, (i = 1, 2, 3, 4) \tag{6.28}$$

假设 $\lambda_4' < \lambda_4''$，则企业的组织流程进入稳定状态后，队列 4' 相关指标的计算公式如下：

$$L_{s4}' = \frac{\lambda_4'}{\mu_4 - \lambda_4'} \tag{6.29}$$

$$L_{q4}' = \frac{\lambda_4'^2}{\mu_4(\mu_4 - \lambda_4')} \tag{6.30}$$

$$W_{s4}' = \frac{1}{\mu_4 - \lambda_4'} \tag{6.31}$$

$$W_{q4}' = \frac{\lambda_4'}{\mu_4(\mu_4 - \lambda_4')} \tag{6.32}$$

由于 $\lambda_4' < \lambda_4''$，所以企业的组织流程进入稳定状态后，队列 4″ 相关指标的计算公式同作业 4' 相同。

假设队列 2 中任务占用的资源占组织流程中全部资源总量的比例为 ∂_1，队列 3 中任务占用的资源占组织流程中全部资源总量的比例为 ∂_2，队列 4' 的中任务占用的资源占组织流程中全部资源总量的比例为 ∂_3，队列 4″ 的中任务占用的资源占组织流程中全部资源总量的比例为 ∂_4，则可得出整个组织流程相关指标的计算公式如下：

$$L_s = \frac{\lambda_1}{\mu_1 - \lambda_1} + \max\left[(\partial_1 L_{s2} + \partial_3 L_{s4}'), (\partial_2 L_{s3} + \partial_3 L_{s4}') \right] \tag{6.33}$$

$$L_q = \frac{\lambda_1^2}{\mu_1(\mu_1 - \lambda_1)} \tag{6.34}$$

$$W_s = \frac{1}{\mu_1 - \lambda_1} + \max\left[(\partial_1 W_{s2} + \partial_3 W_{s4}'), (\partial_2 W_{s3}' + \partial_3 W_{s4}') \right] \tag{6.35}$$

$$W_q = \frac{\lambda_1}{\mu_1(\mu_1 - \lambda_1)} \tag{6.36}$$

$$P_{忙} = \frac{\lambda}{\mu_1 + \max(\mu_2, \mu_3) + \mu_4} \tag{6.37}$$

$$P_{闲} = 1 - P_{忙} \tag{6.38}$$

对于多任务、多作业相互协作的企业的组织流程，可以采用同样的方法得到整个流程的相关指标运行结果。

四、组织流程周期时间模型

企业的组织流程根据任务到达的随机程度可以划分为确定型和随机型两个类

型。确定型流程是指到达企业的任务量和达到期是已知或固定的,各项作业执行相关任务的时间也是确定的。随机型流程是指任务到达企业是随机的,同时各项作业执行相关任务的时间也是随机的。正是因为随机型组织流程的不确定性,它比确定型的组织流程更加复杂,并且在企业中,更普遍的是随机型的组织流程。因此,本书将重点研究随机型流程,确定型组织流程可以通过对随机型流程模型的变形进行分析。

假设某企业的组织流程内有 m 项作业、n 项任务等待接收处理。该组织流程的作业方式是流水线型。为了了解系统内的预计排队时间、随机干扰等因素,计算任务 $i(i=1,2,\cdots,n)$ 的完成期方法如下。

$$\hat{d}_i = r_i + T_i + T_i^q + \Delta_i^d \tag{6.39}$$

$$T_i = \sum_{j=1}^{m} t_{i,j} \tag{6.40}$$

$$T_i^q = \sum_{j=1}^{m} t_{i,j}^q \tag{6.41}$$

$$\Delta_i^d = \sum_{j=1}^{m} \left(\Delta_{i,j}^t + \Delta_{i,j}^q \right) \tag{6.42}$$

以上公式中,$\hat{d}_i$ 代表任务 i 的流程周期时间;r_i 代表任务 i 的到达时间;T_i 代表任务 i 的作业时间;T_i^q 代表任务 i 的排队时间;Δ_i^d 代表任务 i 由随机干扰导致的完成期增量;$t_{i,j}$ 代表任务 i 在作业 i 上的作业时间;$t_{i,j}^q$ 为代表任务 i 在作业 i 上的排队时间;$\Delta_{i,j}^t$ 代表由随机干扰引起的任务 i 在作业 j 上的作业时间增量;$\Delta_{i,j}^q$ 代表由随机干扰引起的任务 i 在作业 j 上的排队时间增量。

第三节　企业组织流程成本指标计算方法

本节将结合组织流程的作业成本分析法(Activties-Based Cost Method,ABC 法)的研究思想,根据企业组织流程成本的资源分类形态,对其组织流程成本计算模型进行研究,期望为企业组织流程成本分析提供可操作的方法。

一、企业流程的作业成本分析法

作业成本分析法创立于 20 世纪 80 年代,它研究的是企业组织流程活动中的成本动态信息,将成本赋值于流程中的每一个活动,通过计算活动成本的数额,区别企业组织流程中的增值与非增值性活动,从而提供调整思路的一种方法。

企业的经营活动实际上就是资金以原材料形态经过生产制造过程转化为产成品这一过程中发生的价值形态变换过程,企业就是通过这一价值增值过程取得的价值增值获取利润。但是,并不是所有企业的组织流程活动都参与了价值的转移和增值过程,对于那些组织流程中的"非增值性活动",企业需要将其识别出来并做出改善。由此可见,作业成本法在企业组织流程的管理活动中具有一定的适用性。

企业计算流程成本的工作大致需要经历以下三个步骤:

(1)首先要对企业的组织流程进行模型化处理,并在模型基础上归集组织流程中每个活动所需的资源信息;

(2)确定资源动因,确定资源动因的目的是将企业组织流程消耗的资源分配到模型中的各项作业上,从而形成作业成本库;

(3)确定作业动因,确定作业动因的目的是作业成本库所归集的成本分配到组织流程所输出的产品上。

通过以上三个步骤,企业可以通过数学模型方法对其组织流程的成本信息展开分析工作。

二、企业组织流程作业成本形态通用模型

企业组织流程作业成本按照其属性可以划分为流程变动成本、长期变动成本和流程固定成本三种形态。分析企业组织流程的作业成本需要针对不同形态的成本进行分析。

1. 流程变动成本

作业成本法中流程变动成本的概念与传统成本核算方式中的变动成本类似,在企业中如材料消耗、水电费、计件工资等都属于流程变动成本。流程变动成本与组织流程中作业的数量正相关。假设企业的组织流程提供 i 种产品,该组织流程变动成本总额 A 的计算公式如下:

$$A = \sum_{i=1}^{I} b_i x_i \tag{6.43}$$

其中: b_i 代表第 i 个产品单位变动成本, x_i 代表第 i 种产品的产量。

2. 流程的长期变动成本

作业成本分析法中的长期变动成本的概念类似于传统成本核算方式中的间接费用,在企业中如生产中的调整准备成本等都属于长期变动成本,它的总额和生产任务中产品的数量正相关。假设企业中某项组织流程中有 $j(j=1,2,\cdots,J)$ 项作业,该流程长期变动总额为 B ,则 B 的计算方法如下:

$$B = \sum_{i=1}^{I} \sum_{i=1}^{I} d_j y_{ij} \tag{6.44}$$

其中, d_j 代表第 j 项作业的单位作业成本, y_{ij} 代表第 i 种产品消耗第 j 项作业的数量。

3. 流程的固定成本

企业组织流程的固定成本是企业成本构成要素中不随企业生产任务量变化而

变化的成本。在企业中如公司管理费用、房屋、设备等固定资产的折旧等都属于组织流程固定成本的范畴。固定成本的作用主要是用于企业正常的生产经营行为，与生产任务产量和顾客需求没有关系。假设企业组织流程的固定成本总额为 C，则企业计算组织流程总成本 T 的通用模型如下。

$$T = A + B + C = \sum_{i=1}^{I} b_i x_i + \sum_{i=1}^{I} \sum_{j=1}^{I} d_j y_{ij} + C \tag{6.45}$$

组织流程总成本的通用模型反映了企业组织流程总成本的构成方式，与传统财务成本构成形态相比，作业成本法更多的是考虑了流程活动对成本形成过程的影响，对企业组织流程性能的评估与分析更具有操作上的参考价值。

三、企业组织流程作业成本形态细化模型

前文建立的企业组织流程成本形态通用模型，依据的是 ABC 法中关于企业资源形态的划分依据。该模型反映的是企业组织流程完成最终产品形态所需的总体成本构成，既不能详细反映流程中各工序环节产生成本情况，也不能详细反映在某一特定产品上发生的成本构成。如果企业需要掌握这些方面的信息，就必须将上面的企业组织流程成本形态通用模型进行细化。通过对企业作业成本的二级细化，企业组织流程可以分析得到更为详尽的成本信息。

1. 一级细化

假设某流程在某一特定的期间消耗了 $m(m = 1, 2, \cdots, M)$ 种资源，流程由 $j(j = 1, 2, \cdots, J)$ 项作业构成，流程将有 $i(i = 1, 2, \cdots, I)$ 种产品输出，则该流程所提供的产品成本模型细分如下。

资源成本矩阵为

$$S = \begin{bmatrix} s_1 & s_2 & \cdots & s_M \end{bmatrix}^{\mathrm{T}} \tag{6.46}$$

其中，

$$\sum_{m=1}^{M} S_m = T \tag{6.47}$$

T 代表总成本。

资源动因总量矩阵为

$$E = \begin{bmatrix} e_1 & e_2 & \cdots & e_M \end{bmatrix}^{\mathrm{T}} \tag{6.48}$$

其中，e_i 代表 s_i 的动因量，$i(i = 1, 2, \cdots, M)$。

资源动因矩阵为

$$F = \begin{bmatrix} f_{11} & f_{12} & \cdots & f_{1M} \\ f_{21} & f_{22} & \cdots & f_{2M} \\ \vdots & \vdots & & \vdots \\ f_{J1} & f_{J2} & \cdots & f_{JM} \end{bmatrix} \tag{6.49}$$

其中，

$$\begin{cases} f_{11}+f_{12}+\cdots+f_{J1}=e_1 \\ f_{12}+f_{22}+\cdots+f_{J2}=e_2 \\ \quad\quad\quad\vdots \\ f_{1M}+f_{1M}+\cdots+f_{JM}=e_M \end{cases} \tag{6.50}$$

f_{JM} 代表流程中作业 J 消耗的第 M 种资源的动因量。

流程作业消耗资源比例矩阵为

$$F'=\begin{bmatrix} \dfrac{f_{11}}{e_1} & \dfrac{f_{12}}{e_2} & \cdots & \dfrac{f_{1M}}{e_M} \\[2mm] \dfrac{f_{21}}{e_1} & \dfrac{f_{22}}{e_2} & \cdots & \dfrac{f_{2M}}{e_M} \\[2mm] \vdots & \vdots & & \vdots \\[2mm] \dfrac{f_{J1}}{e_1} & \dfrac{f_{J2}}{e_2} & \cdots & \dfrac{f_{JM}}{e_M} \end{bmatrix} \tag{6.51}$$

其中，$\dfrac{f_{JM}}{e_M}$ 代表作业 J 项消耗的第 M 项资源的比例。

流程中所有作业成本矩阵为

$$C_1=F'\times S \tag{6.52}$$

流程中各项作业动因总量矩阵为

$$H=\begin{bmatrix} h_1 & h_2 & \cdots & h_J \end{bmatrix} \tag{6.53}$$

作业动因矩阵为

$$G=\begin{bmatrix} g_{11} & g_{12} & \cdots & g_{1J} \\ g_{21} & g_{22} & \cdots & g_{2J} \\ \vdots & \vdots & & \vdots \\ g_{I1} & g_{I2} & \cdots & g_{IJ} \end{bmatrix} \tag{6.54}$$

其中，

$$\begin{cases} g_{11}+g_{21}+\cdots g_{I1}=h_1 \\ g_{12}+g_{22}+\cdots g_{I2}=h_2 \\ \quad\quad\quad\vdots \\ g_{1J}+g_{2J}+\cdots g_{IJ}=h_J \end{cases} \tag{6.55}$$

g_{IJ} 代表产品 I 消耗的第 J 项作业的动因量。

则可计算出产品消耗作业动因比例矩阵 G' 为

$$G' = \begin{bmatrix} \dfrac{g_{11}}{h_1} & \dfrac{g_{12}}{h_2} & \cdots & \dfrac{g_{1J}}{h_J} \\[2ex] \dfrac{g_{21}}{h_1} & \dfrac{g_{22}}{h_2} & \cdots & \dfrac{g_{2J}}{h_J} \\[1ex] \vdots & \vdots & & \vdots \\[1ex] \dfrac{g_{J1}}{h_1} & \dfrac{g_{J2}}{h_2} & \cdots & \dfrac{g_{IJ}}{h_J} \end{bmatrix} \tag{6.56}$$

$\dfrac{g_{IJ}}{h_J}$ 代表产品 I 消耗的第 J 项作业的比例。

因此可得出产品成本矩阵如下:

$$C_2 = G' \times C_1 = G' \times F' \times S \tag{6.57}$$

2. 二级细化

企业通过组织流程作业成本的一级细化模型可以分析出流程中作业、产品各自消耗的资源数量。对于长期变动成本和固定成本的消耗,还需要进一步细化模型才能够得出。二级细化的过程如下:

(1)第一步:确定资源动因总量矩阵。

分析企业中资源动因对流程最终结果的影响,需要构建资源变动成本动因总量、资源长期变动成本动因总量和资源固定成本动因总量三个矩阵。分析企业中各项作业对各项资源的消耗动因,需要构建资源变动成本动因、资源长期变动成本动因和资源固定成本动因三个矩阵。

①资源变动成本动因总量矩阵为

$$E' = \begin{bmatrix} e'_1 & e'_2 & \cdots & e'_M \end{bmatrix}^{\mathrm{T}} \tag{6.58}$$

②资源长期变动成本动因总量矩阵为

$$E'' = \begin{bmatrix} e''_1 & e''_2 & \cdots & e''_M \end{bmatrix}^{\mathrm{T}} \tag{6.59}$$

③资源固定成本动因总量矩阵为

$$E''' = \begin{bmatrix} e'''_1 & e'''_2 & \cdots & e'''_M \end{bmatrix}^{\mathrm{T}} \tag{6.60}$$

其中,

$$\begin{cases} e'_1 + e''_1 + e'''_1 = e_1 \\ e'_2 + e''_2 + e'''_2 = e_2 \\ \qquad \vdots \\ e'_M + e''_M + e'''_M = e_M \end{cases} \tag{6.61}$$

(2)第二步:确定资源动因矩阵。

资源变动成本动因矩阵为

$$F_1 = \begin{bmatrix} f'_{11} & f'_{12} & \cdots & f'_{1M} \\ f'_{21} & f'_{22} & \cdots & f'_{2M} \\ \vdots & \vdots & & \vdots \\ f'_{J1} & f'_{J2} & \cdots & f'_{JM} \end{bmatrix} \tag{6.62}$$

其中:

$$\begin{cases} f'_{11} + f'_{21} + \cdots + f'_{J1} = e'_1 \\ f'_{21} + f'_{22} + \cdots + f'_{J2} = e'_2 \\ \qquad\qquad \vdots \\ f'_{1M} + f'_{2M} + \cdots + f'_{JM} = e'_M \end{cases} \tag{6.63}$$

f'_{jm} 代表流程中作业 J 消耗的第 M 种变动资源的动因。

（3）第三步:计算企业组织流程中所有作业按流程成本形态划分的资源动因比例矩阵。

①变动成本资源动因比例矩阵为

$$F'_1 = \begin{bmatrix} \dfrac{f'_{11}}{e'_1} & \dfrac{f'_{12}}{e'_2} & \cdots & \dfrac{f'_{1M}}{e'_M} \\[2.5ex] \dfrac{f'_{21}}{e'_1} & \dfrac{f'_{22}}{e'_2} & \cdots & \dfrac{f'_{2M}}{e'_M} \\[2.5ex] \vdots & \vdots & & \vdots \\[2.5ex] \dfrac{f'_{J1}}{e'_1} & \dfrac{f'_{J2}}{e'_2} & \cdots & \dfrac{f'_{JM}}{e'_M} \end{bmatrix} \tag{6.64}$$

②长期变动成本资源动因比例矩阵为

$$F'_2 = \begin{bmatrix} \dfrac{f''_{11}}{e''_1} & \dfrac{f''_{12}}{e''_2} & \cdots & \dfrac{f''_{1M}}{e''_M} \\[2.5ex] \dfrac{f''_{21}}{e''_1} & \dfrac{f''_{22}}{e''_2} & \cdots & \dfrac{f''_{2M}}{e''_M} \\[2.5ex] \vdots & \vdots & & \vdots \\[2.5ex] \dfrac{f''_{J1}}{e''_1} & \dfrac{f''_{J2}}{e''_2} & \cdots & \dfrac{f''_{JM}}{e''_M} \end{bmatrix} \tag{6.65}$$

③固定成本资源动因比例矩阵为

$$F'_3 = \begin{bmatrix} \dfrac{f'''_{11}}{e'''_1} & \dfrac{f'''_{12}}{e'''_2} & \cdots & \dfrac{f'''_{1M}}{e'''_M} \\[2ex] \dfrac{f'''_{21}}{e'''_1} & \dfrac{f'''_{22}}{e'''_2} & \cdots & \dfrac{f'''_{2M}}{e'''_M} \\[1ex] \vdots & \vdots & & \vdots \\[1ex] \dfrac{f'''_{J1}}{e'''_1} & \dfrac{f'''_{J2}}{e'''_2} & \cdots & \dfrac{f'''_{JM}}{e'''_M} \end{bmatrix} \tag{6.66}$$

(4)第四步:根据作业动因比例矩阵 F'_1、F'_2、F'_3,可以计算出企业组织流程的作业变动成本矩阵、作业长期变动成本矩阵的作业固定成本矩阵。其计算结果如下。

①作业变动成本矩阵为

$$C'_1 = F'_1 S \tag{6.67}$$

②作业长期变动成本矩阵为

$$C''_1 = F'_2 S \tag{6.68}$$

③作业固定成本矩阵为

$$C'''_1 = F'_3 S \tag{6.69}$$

(5)第五步,根据作业动因比例矩阵 F'_1、F'_2、F'_3 和作业成本构成矩阵 C'_1、C''_1、C'''_1 可以计算出企业组织流程所提供产品成本构成矩阵 C'_2、C''_2、C'''_2 如下:

①产品变动成本矩阵为

$$C'_2 = G' C'_1 = G' F'_1 S \tag{6.70}$$

②产品长期变动成本矩阵为

$$C''_2 = G' C''_1 = G' F'_2 S \tag{6.71}$$

③产品固定成本矩阵为

$$C'''_2 = G' C'''_1 = G' F'_3 S \tag{6.72}$$

其中,$C_2 = C'_2 + C''_2 + C'''_2$。

3. 企业组织流程通用成本形态模型细化分析

(1)经过一级细化后,可以得到如下流程成本分析结果。

①流程中任一作业消耗资源的成本计算公式:

$$\frac{f_{jm}}{e_m} \times S_m \tag{6.73}$$

根据公式 3.73 可计算出企业组织流程中任一作业 j 消耗第 m 项资源的成本。

②流程中任一产品消耗资源的成本计算公式:

$$\sum_{j=1}^{J} \frac{g_{ij}}{h_j} \times \frac{f_{jm}}{e_m} \times S_m \tag{6.74}$$

根据公式 6.74 可计算出企业组织流程中产品 i 消耗第 m 项资源的成本。

（2）经过二级细化后,可得到如下流程成本分析结果。

①流程中任一作业消耗的按流程成本形态分类的资源成本计算公式:

$$\frac{f'_{jm}}{e'_m} \times S_m \qquad (6.75)$$

根据公式 6.75 可计算出企业组织流程中任一作业 j 消耗第 m 项资源的变动成本。

$$\frac{f''_{jm}}{e''_m} \times S_m \qquad (6.76)$$

根据公式 6.76 可计算出企业组织流程中任一作业 j 消耗第 m 项资源的长期变动成本。

$$\frac{f'''_{jm}}{e'''_m} \times S_m \qquad (6.77)$$

根据公式 6.77 可计算出企业组织流程中任一作业 j 消耗第 m 项资源的固定成本。

②流程中任一产品消耗的按流程成本形态分类的资源成本计算公式:

$$\sum_{j=1}^{J} \frac{g_{ij}}{h_j} \times \frac{f'_{jm}}{e'_m} \times S_m \qquad (6.78)$$

根据公式 6.78 可计算企业组织流程中产品 i 消耗第 m 项资源的变动成本。

$$\sum_{j=1}^{J} \frac{g_{ij}}{h_j} \times \frac{f''_{jm}}{e''_m} \times S_m \qquad (6.79)$$

根据公式 6.79 可计算企业组织流程中产品 i 消耗第 m 项资源的长期变动成本;

$$\sum_{j=1}^{J} \frac{g_{ij}}{h_j} \times \frac{f'''_{jm}}{e'''_m} \times S_m \qquad (6.80)$$

根据公式 6.80 可计算企业组织流程中产品 i 消耗第 m 项资源的固定成本。

通过以上分析可以看出,企业组织流程成本系统模型的二级细化比一级细化模型在分析流程成本信息时能够得到更加具体的结论。因此,采用二级细化模型分析其组织流程成本对企业的成本基础核算工作具有较高的要求。

第四节　企业组织流程质量指标计算方法

企业可以使用的质量性能指标包括以下方法。

1.产品合格率

产品合格率是指在一定流程内,企业生产出合格产品数量与全部产品数量之比。其计算公式为

$$产品合格率 = \frac{本期合格产品数量}{本期全部产品产量} \times 100\%$$
(6.81)

这一指标值越接近 100% 越好。

2. 产品返工率

产品返工率是指企业在一定时期内返工产品的数量与该期间产出产品数量之比。其计算公式为

$$产品返工率 = \frac{本期返工产品数量}{本期产品产量} \times 100\%$$
(6.82)

这项指标值越小越好。

3. 产品退货率

产品退货率是指企业在一定时期内退回产品的返修数量与该期间售出产品量之比。其计算公式为:

$$产品退货率 = \frac{本期退回产品数量}{本期售出产品产量} \times 100\%$$
(6.83)

这项指标值越小越好。

企业可以根据组织流程类型不同选择相关指标评价其组织流程质量。

第五节　企业组织流程资源利用性能指标计算方法

资源利用率根据定义方法的不同可以分为以时间指标定义的资源利用率和以使用数量定义的资源利用率,两种方法都可以反映组织中资源的使用效率。

1. 以时间指标定义的资源利用率

以时间指标定义的资源利用率是系统内资源的使用时间和资源闲置时间的比值,它的计算方法如下:

$$V_i = \frac{W_{si}}{W_{qi}}$$
(6.84)

其中,V_i 代表第 i 项作业所需资源在第 i 项作业中的利用率,W_{si} 是第 i 项作业中的配比资源在第 i 项作业中的占用时间,W_{qi} 是第 i 项作业中的配比资源在第 i 项作业中的等待时间。

2. 以使用数量定义的资源利用率

以使用数量定义的资源利用率是系统内资源使用数量与资源总数量的比值。它的计算方法如下:

$$V_R = \frac{R_d}{R_t}$$
(6.85)

其中,V_R 是系统资源利用率,R_d 代表系统内资源使用数量,R_t 代表系统内资源总量。

企业可以根据组织流程类型不同选择相关指标评价其流程性能。

第六节　企业组织流程单元功效系数计算方法

针对目前常用的几种企业组织流程单元功效系数的评价方法所存在的不足，本节结合 AHP 方法和层次分析(Analytic Aierachy Process,DEA)方法的优点，提出一种基于 AHP 和 DEA 的混合模型"AHP/DEA"来对企业组织流程单元功效系数进行评价。

一、C^2R 模型评价原理

C^2R(Constraint to Regression,C^2R)模型是运用经济计量等理论和方法,反映经济系统各种变量相互关系的随机性代数模型。

假设一个企业中有 n 个部门(流程单元),每个部门(流程单元)都可以看成一个决策单元(Decision Making Units,DMU),于是该企业就有 n 个决策单元。每个决策单元都有 m 种资源输入,以及 s 种输出,表示该决策单元在消耗了 m 种资源后所能产出 S 种成效,如图 6-4 所示。

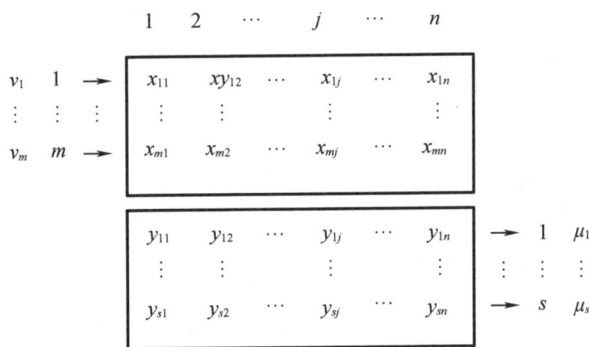

图 6-4　决策单元的投入产出量及指标权重

其中,x_{ij} 代表第 j 个 DMU 对第 i 种输入的投入量,$x_{ij}>0$;y_{rj} 代表第 j 个 DMU 对第 r 种输出的产出量,$y_{rj}>0$;v_i 代表对第 i 种输入的一种度量(或称为"权");u_r 代表对第 r 种输出的一种度量(或称为"权");$i=1,2,\cdots,m$;$j=1,2,\cdots,n$;$r=1,2,\cdots,s$。

x_{ij} 和 y_{rj} 为已知的数据,企业可以根据日常的记录或仿真系统的输出结果得到;v_i 和 u_r 为变量,对应一组权系数:$v=(v_1 \quad v_2 \quad \cdots \quad v_m)^T$,$u=(u_1 \quad u_2 \quad \cdots \quad u_r)^T$。每个决策单元都有相应的功效系数评价指数:

$$h_j = \left(\sum_{r=1}^{s} U_r \times Y_{rj} \right) \bigg/ \left(\sum_{i=1}^{m} V_r \times X_{ij} \right) \tag{6.86}$$

其中:$j=1,2,\cdots,n$。

企业可以根据企业实际情况,适当地选取权系数 v 和 u,使其满足:
$$h_j \leq 1, \quad j=1,2,\cdots,n$$

此时,对第 j_0 个决策单元进行功效系数评估($1 \leq j_0 \leq n$),以权系数 v 和 u 为变量,以第 j_0 个决策单元的功效系数为目标,以所有的决策单元(也包括第 j_0 个决策单元)的功效系数为约束,即可构造出如下线性规划约束模型:

$$\begin{cases} \max h_{j0} = \sum_{r=1}^{s} U_r \times Y_{r0} / \sum_{i=1}^{m} V_r \times X_{i0} \\ s.t. \left(\sum_{r=1}^{s} U_r \times Y_{rj} \right) / \left(\sum_{i=1}^{m} V_r \times X_{ij} \right) \leq 1 \\ v = (v_1 \quad v_2 \quad \cdots \quad v_m)^T \geq 0 \\ u = (u_1 \quad u_2 \quad \cdots \quad u_r)^T \geq 0 \end{cases} \quad (6.87)$$

其中,$j=1,2,\cdots,n$;$v \geq 0$ 表示对 $i=1,2,\cdots,m$;$v_i \geq 0$,并且至少存在某 $i_0(1 \leq i_0 \leq m)$,使 $v_{i0}>0$;对于 $u \geq 0$ 有与 $v \geq 0$ 类似的含义。

利用上述模型来评估企业各部门(流程单元)j_0 组织流程性能是否有效是相对于所有 n 个决策单元而言的。使用矩阵符号,则有:

$$\begin{cases} \max h_{j0} = U^T \times Y_0 / V^T \times X_0 \\ s.t. \ U^T \times Y_j / V^T \times X_j \leq 1 \\ v \geq 0; u \geq 0 \end{cases} \quad (6.88)$$

其中,$X_j = (X_{1j}, X_{2j}, \cdots, X_{mj})$;$j=1,2,\cdots,n$;$Y_j = (Y_{1j}, Y_{2j}, \cdots, Y_{Sj})$;$j=1,2,\cdots,n$。

各部门组织流程性能判断:

线性规划(6.88)是一个自我评估模型。设线性规划(6.88)有最优解 u_1^*(称为 DMU$_i$ 的最佳权重,记作 $w_i^* = [v_i^*, u_i^*]^T$,则最优值 $h_{j0} = y_i^t u_i^T$ 为 DMU$_i$ 的功效系数值,也代表了该部门组织流程性能的评估值。由于 h_{j0} 是利用最有利于 DMU$_i$ 的权重计算出来的值,因此我们称 h_{j0} 为 DMU$_i$ 的自我评估值。若线性规划 6.89 的最优解 $h_{j0}<1$,则称该企业的某个部门(流程单元)j_0 为弱有效;若存在 $v^*>0, u^*>0$,且 $h_{j0}=1$,则称该企业的某个部门(流程单元)有效。

使用 Charnes-Cooper 变换($t = \frac{1}{v^T X_0}, \omega = t \times v, \mu = t \times u$)可以将线性规划(6.88)化为一个等价的线性规划问题。

则线性规划(6.88)可转化为如下线性规划问题:

$$\begin{cases} \max h_{j0} = \mu^T \times Y_0 \\ s.t. \ w^T \times X_j - \mu^T Y_j \geq 0 \quad j=1,2,\cdots,n \\ w^T \times X_0 = 1 \\ \omega \geq 0, \mu \geq 0 \end{cases} \quad (6.89)$$

线性规划(6.89)的对偶规划为

$$
\begin{cases}
\min \theta \\
\text{s.t.} \quad
\begin{aligned}
& \sum_{j=1}^{n} X_j \lambda_j \leqslant \theta X_0 \\
& \sum_{j=1}^{n} Y_j \lambda_j \geqslant Y_0 \\
& \lambda_j \geqslant 0
\end{aligned}
\quad j = 1,2,\cdots,n
\end{cases}
\tag{6.90}
$$

为了使用对偶线性规划(6.90)来判别企业各部门(流程单元)的组织流程性能有效,在这里引入正、负偏差变量:

$$
S^+ = (S_1^+, S_2^+, \cdots, S_s^+)^{\mathrm{T}} \in E_s
\tag{6.91}
$$

$$
S^- = (S_1^-, S_2^-, \cdots, S_s^-)^{\mathrm{T}} \in E_m
\tag{6.92}
$$

得到下列的线性规划:

$$
\begin{cases}
\min \theta \\
\text{s.t.} \quad
\begin{aligned}
& \sum_{j=1}^{n} X_j \lambda_j + S^- = \theta X_0 \\
& \sum_{j=1}^{n} Y_j \lambda_j - S^+ = Y_0 \\
& \lambda_j \geqslant 0 \\
& S^- \geqslant 0, S^+ \geqslant 0
\end{aligned}
\quad j = 1,2,\cdots,n
\end{cases}
\tag{6.93}
$$

引入非阿基米德无穷小的概念,可以将线性规划(6.93)等简化为在实际评估中常用的线性规划模型:

$$
\begin{cases}
\min \theta - \varepsilon(\hat{e}^{\mathrm{T}} S^- + e^{\mathrm{T}} S^+) \\
\text{s.t.} \quad
\begin{aligned}
& \sum_{j=1}^{n} X_j \lambda_j + S^- = \theta X_0 \\
& \sum_{j=1}^{n} Y_j \lambda_j - S^+ = Y_0 \\
& \lambda_j \geqslant 0, j = 1,2,\cdots,n \\
& S^- \geqslant 0, S^+ \geqslant 0
\end{aligned}
\end{cases}
\tag{6.94}
$$

其中,$\hat{e}^{\mathrm{T}} = (1,1,\cdots,1) \in E_m$,$e^{\mathrm{T}} = (1,1,\cdots,1) \in E_s$,$\varepsilon$ 为非阿基米德无穷小量。

借助于对偶规划来判断企业各部门(流程单元)组织流程性能,可以根据如下的基本定理。

(1)DMU_{j0} 为功效系数弱有效的充分必要条件是规划 6.95 的最优值 $\theta^* = 1$;

(2)DMU_{j0} 为功效系数有效的充分必要条件是规划 6.95 的最优值 $\theta^* = 1$,并且对每个最优解 λ^*、S^{*-}、S^{*+} 都有 $S^{*-} = 0$、$S^{*+} = 0$。

二、部门(流程单元)组织流程性能分析

当 $\theta^* = 1$ 并且 $S^{*-} = S^{*+} = 0$ 时,则称企业中该部门的组织流程性能有效。此时,该部门(流程单元)既是规模有效的,又是技术有效的。这说明该部门(流程单元)的组织流程配置已经达到最佳组合,并取得了最佳的组织流程性能水平。

当 $\theta^* = 1$ 并且 $S^{*-} \neq 0$、$S^{*+} \neq 0$ 时,则称企业中该部门的组织流程性能弱有效。此时,该部门(流程单元)不为规模有效,或不为技术有效。对于该部门而言,投入 x_0 可减少 S^{*-} 而保持原产出 y_0 不变,或者在投入 x_0 不变的情况下可以将产出提高 S^{*+}。

当 $\theta^* < 1$ 时,则称企业中该部门的组织流程性能非有效。说明该部门(流程单元)规模无效且技术无效。该部门可以通过组合将投入降至原来投入 x_0 的 θ 比例而同时保持原产出 y_0 不变。

三、规模收益分析

令 $\beta = \sum \lambda_j$,则称 β 为企业某一部门的规模收益值。对 β 值的情况具体细分如下:

当 $\beta = 1$ 时,表示企业中该部门的规模收益保持不变,此时该部门的达到最大产能;

当 $\beta < 1$ 时,表示企业中该部门的规模收益呈递增趋势,β 值越小,递增的趋势越大,这意味着企业此时应追加资源的投入量,这样企业的产出量才能获得更高比例的增加;

当 $\beta > 1$ 时,表示企业中该部门的规模收益呈递减趋势,且 β 值越大,递减的趋势越大,这意味着企业此时应减少资源的投入量,以减少亏损的可能性。

四、DMU 在生产前沿面上的投影分析

组织流程性能功效系数非有效的部门在生产前沿面上的投影是有效的。因此,可以通过调整非有效部门投入和产出指标的数值使其转化为有效。当某一部门的组织流程性能为非有效时,则必定存在两种情况:投入冗余和产出不足。变量 S^{*-} 中各非零分量即为投入 x_0 对应的冗余量,变量 S^{*+} 中各非零分量即为产出 y_0 对应的产出不足量。则投入或产出部分的调整可按照如下公式进行调整。

$$x_0' = \theta^* x_0 - S^{*-}, \quad y_0' = y_0 + S^{*+}$$

其中,x_0'、y_0' 分别表示该部门调整后的投入量和调整后的产出量。此时,该部门将由组织流程性能非有效转化为有效。

在企业的实际经营过程中,部分决策单元达到最大效率的概率较高。因此,用 h_{j0} 很难一次性地对这些决策单元的优劣做出准确判断。此外,通过模型(6.89)可

以计算出每一个决策模块的最优权重 w_i^*,为了避免企业中出现只重视少数有利的输入和输出指标,而不重视(甚至完全忽略)其他指标的现象,企业还需要借助交叉评价机制,用每一个 DMU_i 的最佳权重 $w_1^* = [v_1^*, u_1^*]^T$ 计算其他 DMU_k 的效率值,得出交叉评价值的计算公式如下:

$$E_{ik} = \frac{y_k^T u_i^*}{x_k^T v_i^*} \qquad (6.95)$$

E_{ik} 越大,对 DMU_k 越有利,对 DMU_i 越不利。

五、构造 DEA 判断矩阵

假设某企业有 n 个决策单元,每个决策单元具有 m 个输入指标和 s 个输出指标。构造其 DEA 判断矩阵首先需要计算出各个决策单元的有效值。对于有效值的计算结果,当结果为 1 并不表明该决策单元的流程性能的表现达到最优,因为它只是一个相对结果。为了进一步了解企业内各个决策单元之间的相对效率,企业同样需要借助交叉评价式(6.95)。

但是由于线性规划(6.89)的最优解 u_i^* 和 v_i^* 具有多重解,所以由(6.89)得出的交叉评价值 h_{j0} 同样是不确定的。为此,企业可以采用对抗型交叉评价方法进行处理,其计算过程如下。

①利用模型(6.89)计算出 DMU_i 的自我评价值 $h_{j0}(1 \leqslant j \leqslant 0)$。

②对给定的 $j \in \{1,2,\cdots,n\}, s = \{1,2,\cdots,n\}$,解以下线性规划:

$$\text{s. t.} \begin{cases} \min y_s^T u = h_{j0} \\ y_j^T u \leqslant x_j^T (1 \leqslant j \leqslant n) \\ y_i^T u = h_{j0} x_i^T v \\ x_k^T v = 1 \\ v \geqslant 0 \\ u \geqslant 0 \end{cases} \qquad (6.96)$$

③利用(6.96)的最优解 u_{ik}^* 和 v_{ik}^* 求出交叉评估值:

$$j_{is} = \frac{y_s^T u_{is}^*}{x_s^T v_{is}^*} = y_s^T u_{is}^* \qquad (6.97)$$

④由交叉评估值构成交叉评估矩阵:

$$j = \begin{bmatrix} j_{11} & j_{12} & \cdots & j_{1n} \\ j_{21} & j_{22} & \cdots & j_{2n} \\ \vdots & \vdots & & \vdots \\ j_{n1} & j_{n2} & \cdots & j_{nn} \end{bmatrix} \qquad (6.98)$$

在(6.98)中,主对角线元素 j_{ii} 代表自我评价值,非主对角线元素 j_{is} 代表交叉评价值。j 的第 i 列代表各个决策单元对 DMU_i 的评价值,这些值越大,说明 DMU_i 越优;j 的第 1 行评价值是 DMU 对其他决策单元的评价值,这些值越小对 DMU_i 越有利。

一般,对于企业中 n 个决策单元两两效率比较值的计算公式如下:

$$a_{ij} = (j_{ii} + j_{ij}) / (j_{jj} + j_{ji}) \tag{6.99}$$

式中:$a_{ij} = 1/a_{ji}$。

由于通过上述方法处理的评价结果排除了主观原因造成的判断结果偏差,因此企业在此处不需要再进行一致性检验。

六、AHP 方法排序

因为上一阶段的工作已经通过两两比较方法得到了判断矩阵,因此企业在使用层次分析法求解最大特征值和特征响向量的过程只需分析一层的结果。正是因为只有一层,所以根据各个特征向量值的比较结果就能得到各个决策单元的评估结果的排序。

综上所述,采用 AHP/DEA 混合评价模型的方法,首先是排除了传统方法中主观因素对最终评估结果的影响,一方面能够反映企业将资源输入转化为产品输出过程中企业组织流程性能的表现结果;另一方面可以让企业详细了解到企业内各个决策模块组织流程性能的差异,进而获得组织流程优化调整思路。该方法简单、有效,如果结合仿真技术在企业实施,可以节省大量的时间和成本,这是传统数学模型方法无法取得的效果。

至此,我们就建立了企业组织流程性能评估指标集以及对各指标的计算方法进行了阐述。在企业实际的生产经营过程中,由于获得该评估指标体系所需的数据的难度较大,为了准确、方便地获取数据,本书结合企业实际数据收集需求,采用实时仿真建模方法,将庞大的数据收集与计算工作交给计算机仿真系统完成。前人的研究结论表明,通过仿真建模方法获得的数据具有真实性和可靠性。因此,本书在接下来的研究中将建立适用于我国企业组织流程的仿真模型,使之成为本书所需数据的采集、整理以及统计工具。

参 考 文 献

[1] 范玉顺,吴澄. 工作流管理技术研究与产品现状及发展趋势[J]. 计算机集成制造系统,2000(1):1-7.

[2] 范如国. 员工效率工资与企业的管理效率分析[J]. 南开管理评论,2009(4):128-135.

[3] 崔树银,张世翔. 企业流程变革的影响因素探析[J]. 商业时代,2007(33):38-39.

[4] 罗帆,佘廉.企业组织管理预警系统评价指标体系的构建[J].重庆大学学报(社会科学版),2000(2):56-58.

[5] SADIQ W,ORLOWSKA M E. Analyzing Process Models Using Graph Reduction Techniques[J]. Information Systems, 2000,25(2):117-134.

[6] 罗宾斯.管理学[M].4版.北京:中国人民大学出版社.

[7] 陈禹六,李清,张锋.经营过程重构(BPR)与系统集成[M].北京:清华大学出版社,2009.

[8] 张凯,姜晓红,闫献国,等.中小制造企业ERP系统的设计与实现[J].机械工程与自动化,2011(3):52-54.

[9] 王建华.业务流程再造:中小企业运作管理新模式探讨[J].商场现代化,2008(13):128-129.

[10] 简斌,左荣国,闫光荣,等.一种面向中小型制造企业的应用集成方法论[J].工程图学学报,2007(1):7-14.

[11] Evan W M. Organization theory and organizational effectiveness:an exploratory analysis[J]. Organization and Administrative Sciences,1976(7):192-194.

[12] 朱家饶,刘大成,佟巍,等.基于流程的制造绩效评价体系研究[J].计算机集成制造系统,2005(3):438-445.

[13] 徐贤浩,邓晨,彭红霞.基于供应链金融的随机需求条件下的订货策略[J].中国管理科学,2011,19(2):63-70.

[14] 刘飚,蔡淑琴,付红桥,等.业务流程再造中流程成本分析模型研究[J].华中科技大学学报(自然科学版),2003(12):63-65.

[15] 刘烽.中小型制造企业ERP销售管理子系统的分析方案[J].现代计算机(专业版),2007(4):89-92.

[16] 许皓,孙燕红,华中生.基于整体效率的区间DEA方法研究[J].中国管理科学,2010,18(2):102-107.

[17] 程刚,史耀耀,李山,等.制造企业流程评价指标与方法研究[J].中国制造业信息化, 2005,34(10):95-97,101.

[18] 刘刚.基于流动资金管理的制造型企业流程评价[J].现代经济探讨,2011(10):30-31.

[19] 刘飚,蔡淑琴,李波,等.运用排队论评价业务流程效率的方法及模型研究[J].商业研究, 2004(17):90-93.

[20] 刘飚,蔡淑琴,郑双怡.业务流程评价指标体系研究[J].华中科技大学学报(自然科学版),2005,33(4):112-114.

[21] 刘希宋,杜丹丽.实施作业成本法的关键:作业成本核算[J].商业研究,2004(13):35-38.

[22] 张雷.作业成本法下成本动因的内涵及其正确选择[J].经济师,2005(8):161-163.

[23] 杨扬,杨畅.业务流程质量的评价方法[J].西北大学学报(自然科学版),2003(5):531-534.

[24] 张海峰.浅析服务流程质量管理方法:六西格玛应用中的关键性问题[J].大连海事大学学报(社会科学版),2011(3):59-61.

[25] 胡建兵,顾新一.论资源利用与企业创新[J].科学学研究,2006(A1):286-290.

[26] 叶强,方安儒,鲁奇,等.组织因素对ERP使用绩效的影响机制:基于中国数据的实证研究[J].管理科学学报,2010,13(11):77-85.

[27] 程启月,邱菀华,付毅峰.基于系统时效熵的指挥流程效率评估方法[J].系统工程理论与实践,2008(4):155-158.

[28] 张思复,蔺敏,张薇,等.基于作业成本思想的业务流程成本计算研究[J].重庆大学学报(社会科学版),2006(2):53-57.

[29] 杜勇,陈建英.企业成本管理方法研究综述[J].商业研究,2007(2):66-70.

[30] 龚代华.基于虚拟利润的高新技术企业成本管理方法研究[J].当代财经,2006(1):71-75.

[31] 李文生,车文刚.通用弹药供应保障业务流程评价指标体系研究[J].物流科技,2009(11):105-107.

[32] 朱光曦,马占新.基于DEA的企业可持续发展评价研究[J].中国管理科学,2008(A1):358-361.

[33] 白雪洁,戴小辉.基于DEA模型的中国主要轿车企业生产效率分析[J].财经研究,2006(10):35-47.

第七章　企业组织流程性能仿真评估系统构建

系统仿真是通过针对真实系统建立相关的模型,用模型代替真实系统进行各种试验,从而进行系统性能测试的一种研究方法。它是以建模理论、数学方法、评价方法为基础,以计算机技术、图形图像技术、信息技术、自动控制及系统工程等相关技术为支撑的有效的系统分析工具。通常情况下,根据对象系统的特点,系统仿真所建立的模型对实际系统构造映像,既可以反映系统的物理特征,又可以反映系统的逻辑特征。因此,对于各种复杂的企业组织系统,无论是静态的还是动态的,无论是离散的还是连续的,都可以采用系统仿真的方法进行研究。

我国企业在组织管理上存在很多问题,主要表现为管理混乱、组织流程性能低下。最关键的是,这些企业缺乏运用技术手段分析和解决自身问题的意识和能力。尽管系统仿真建模技术已经逐渐成熟,但是绝大多数仿真建模应用和成功的案例都只是集中在国家军事项目或大型企业的管理项目中,企业偶有尝试却往往以失败告终。究其原因,主要在于我国企业运用仿真技术解决企业管理问题的瓶颈缺乏实施的经验。

本章将结合我国企业组织流程管理的现实情况,提出了基于分布实时方法的企业组织流程仿真模型。本书建立的组织流程仿真系统以 Extendsim 仿真软件为核心,结合 Visual Basic 编程语言实现了企业用户操作界面。该系统可用于判断模型是否实现了指定的流程功能,用户通过操作界面可以实时掌握流程的运行状况,整个系统中的执行时间、成本、质量和资源利用情况等性能指标数据都是由系统自动采集和输出的。

第一节　企业组织流程仿真评估系统设计思路

本书在企业组织流程仿真评估系统中,利用企业组织流程仿真模型来模拟现实中的企业生产任务执行过程,企业组织流程仿真模型从建立到执行阶段,需要提供包括组织流程的建模工具、仿真引擎以及数据库的支持。建立好的仿真系统要能够模拟用户触发、流程任务的执行、实时监控并自动收集整理评估指标数据等工作。因此,对于企业组织流程仿真评估系统的设计大致可以分为分布实时仿真平台搭建、组织流程建模和后台数据库搭建三个组成部分。

一、分布实时仿真平台搭建

分布实时仿真(Distributed Real-Time Simulation,DRTS)是指利用分布仿真技术实现实时仿真,即在仿真系统时间推进与真实系统时间推进严格相同的前提下,利用网络将地域上分散的各种数据操作端、仿真模型以及其他仿真设备有机地连接起来,形成一个在时间和空间上相互耦合一致、人可以自由与之交互的虚拟环境共同实现仿真任务的技术。对于企业组织流程性能评估系统来说,一方面,分布实时仿真技术满足了不同部门、不同组织流程存在的地域性差异特征,即采用分布实时仿真技术能够让企业在虚拟环境下由处于不同部门或不同流程中的作业相互协作共同完成一项任务;另一方面,分布实时仿真技术让现实中的数据和虚拟环境中的数据保持时间步调的一致,满足了企业对于数据实时掌握、实时监控的需求。因此,运用分布实时仿真技术构建企业组织流程性能评估系统在方法上存在一定的科学性和合理性。

本书构建的企业组织流程性能评估系统平台从结构上可分为用户界面层、流程逻辑层和数据库层三个层面(图7-1)。

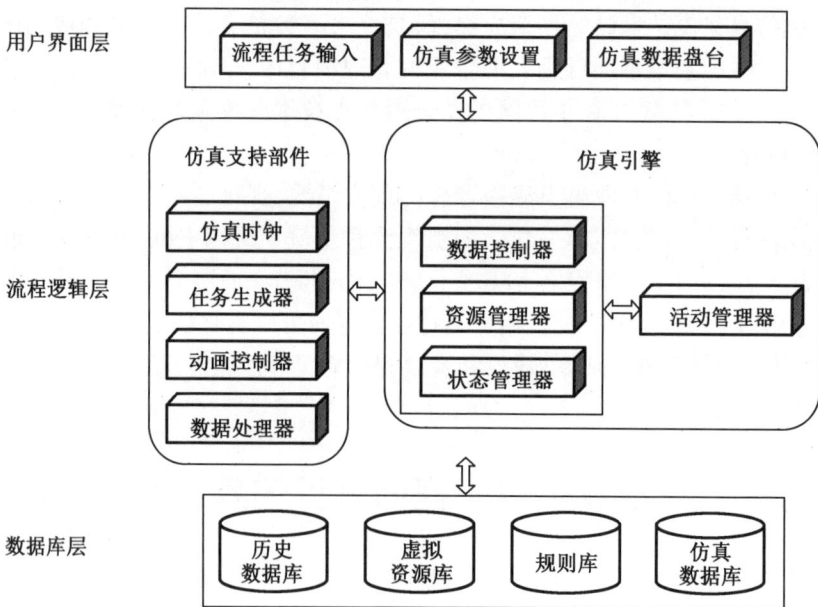

图7-1　系统结构

1.用户界面层

用户界面层主要包括流程任务输入、仿真参数设置和仿真数据盘台等功能。

对于一个组织流程仿真系统来说,这些是比较基本的。

(1)流程任务输入

流程任务输入界面面对的是仿真系统用户,系统内的用户在流程任务输入界面上可以进行流程任务的输入、转移、冻结和取消等操作。

(2)仿真参数设置

仿真参数设置界面用于设置整个仿真系统以及流程中作业的参数,如仿真时间、数据类型、模型选择、作业规则和作业时间等。

(3)仿真数据盘台

仿真数据盘台能够通过仿真动画的动态显示,使用户能够更直观、清楚地了解仿真过程中活动运行的状态以及过程中重要的数据值。

2. 流程逻辑层

流程逻辑层在本书建立的组织流程仿真系统中处于核心地位,流程逻辑层一方面为用户界面层提供支持,另一方面负责向下层的数据库层提供数据链接与更新。如果流程逻辑层构建的不合理,那么组织流程仿真运行的各项工作都无法得到实现。流程逻辑层主要由仿真支持部件和仿真引擎两部分构成。

(1)仿真支持部件

企业组织流程性能仿真评估系统的仿真支持部件包括仿真时钟、任务生成器、动画控制器和数据处理器四个部分。

①仿真时钟控制的是仿真系统中时钟的触发、推进和累加,控制仿真的运行进度。

②任务生成器控制的是流程中任务的触发、流程去向、任务参数采集等。

③动画控制器控制的是用户界面的文字和动画效果的动态更新。当系统中活动的状态发生改变,此时动画控制器开始工作,将更新后的数据和动画效果提供给用户。

④数据处理器负责的是系统运行过程中的数据采集工作,并根据系统设计的指令对数据进行相应处理,最后将原始数据和数据处理结果分别写入数据库的相应字段。

(2)仿真引擎

仿真引擎是仿真系统的核心部件,仿真引擎在仿真系统中的功能是控制仿真模块执行工作。仿真引擎包括数据控制器、资源管理器和状态控制器三个组成部分。

①数据控制器处理组织流程仿真模型中的流程以及活动的相关数据。

②资源管理器负责动态调度和处理系统中的相关资源,并及时修改相关资源的属性和数据。

③状态控制器记录过程模型中各个活动状态的变化。

3. 数据库层

企业组织流程性能仿真评估系统中所使用的数据都是由系统的数据库层提供的,这些数据包括了企业输入的原始数据、经过处理的数据分析结果以及模型的规则等。数据库层包括历史数据库、虚拟资源库、规则库和仿真数据库四个组成部分。

(1)历史数据库

历史数据库存储的是系统中已经发生过的原始数据以及数据处理结果。原始数据就是企业实际发生的数据,而所谓数据处理结果是通过编程方法输入的数学模型运行,将原始数据处理后得到的结果。这些原始数据和数据处理结果对企业组织流程性能分析都具有重要的参考价值。

(2)虚拟资源库

虚拟资源库中存储的信息主要是仿真引擎服务,包括系统中可用的资源如人员、设备、工具等信息。仿真系统运行时,虚拟资源库会根据实际操作的结果及时修改相关的数据信息,但对原始数据进行保留。

(3)规则库

规则库主要是提供仿真过程中所需的规则和约束条件,使得系统的运行能够以自动化或半自动化的方式进行。常见的调度规则有先来先服务(First-come First-service,FCFS)、高性能文件系统(High Performance File System,HPFS)等。

(4)仿真数据库

仿真数据库是用来存放仿真系统采集到的信息,包括总体信息和具体信息两类。总体信息包括仿真系统的初始信息、企业设置的条件、内容等信息;具体信息包括仿真系统中运行过程中的记录信息。

二、Extendsim 流程功能仿真建模工具

本书所使用的 Extendsim 系统仿真软件是目前仿真工具家族中极具代表性的一个,在诸多的仿真软件中,Extendsim 一直在仿真学术界有着很高的声誉。Extendsim 是一个通用仿真工具,对离散系统、连续系统和混合系统都具有很好的适用性。

1. Extendsim 系统仿真软件的主要特点

①Extendsim 系统仿真软件提供开放源代码和二次开发引擎,充分利用 Windows 操作系统的资源,可以与 Delphi、C++、Visual Basic 等程序语言代码连接,还可以与主流数据库数据源集成,适合普遍企业应用。并且,对于高级的功能需求,企业用户可以结合其他工具进行联合开发,使针对企业的过程仿真具技术有很好的适用性。

②采用多层次模型结构,模型条理清晰、逻辑分明,使复杂系统模型得以简化。

③Extendsim 系统仿真软件采用模块化结构,模块库涵盖离散系统和连续系

统,用户也可以自定义模块,所有预置和自定义的模块均可以重复使用。模块之间采用基于信息的传递机制,提供多种复杂的数据传递方式,这无疑有利于提高建模效率。

④Extendsim系统仿真软件采用三维建模和动画技术,增强了仿真运行过程的可视化效果,这使得Extendsim很容易被我国企业用户接受和掌握。

目前,Extendsim系统仿真软件的应用涉及制造业、物流业、服务业、商业企业以及军事等诸多行业,同时也被广泛应用于各个层面不同情况的仿真,包括生产作业、各类资源的配置、组织流程的规划、系统性能评价、风险预警等。企业实施组织流程仿真的目的之一是以虚拟的映像模拟组织流程运转中各个环节的输入与输出状态,并在仿真运行的过程中获取相应的数据,最后根据数据分析的结果对企业组织流程系统进行分析与评价。因此,现实中企业的一切组织形态在仿真系统内都可以找到相应的映像,企业中的一切管理现状在仿真系统内都可以以约束条件的形式做出描述。

2.企业的组织形态划分

在仿真视角下,企业的组织形态可以按以下形式划分。

(1)实体及其属性

在企业内部,实体是指系统中的单据、原材料、半成品等被加工、处理的对象。实体在仿真系统中属于动态物体,通常它们首先被创建出来,然后在系统中活动一段时间,当离开系统时会被清除,但也有的实体不离开系统,一直在系统中流动。当我们为一个系统建立仿真模型时,要确定系统中有哪些类型的实体以及附着在实体上的属性。属性的功能是描述实体的特征,如设备的生产效率、产品的检验结果等。企业可以根据企业实际选择这些属性的项目、赋值以及使用条件等。

(2)资源

企业中的实体在系统内完成的操作一般是以资源为对象,资源对于企业来说是指企业为了完成顾客需求展开工作过程中需要的任何事物,如原材料、设备、人员以及工作表格等。当有流程作业执行操作时,实体占用一项或多项资源,当作业完成时,实体会释放全部或部分资源。

(3)队列

在企业组织流程仿真系统模型中,当实体需要接受服务,而所需资源已被占用时,它需要在队列中等候。当实体接受完服务时,再从队列中获得释放。

(4)活动

活动是作业执行任务时对实体执行的某种操作,活动同样要占用系统内的时间和某些资源,如接受订单、加工零件等。在企业的仿真模型中,企业关注的是活动的时间属性,如时间间隔、延时以及需要占用资源的时间情况等。对于具体的操作过程,企业并不需要关注。

（5）控制

控制是指仿真系统模型运行过程需要遵循的逻辑和控制规则，如流程运行的具体路径、排队规则和实体的去向等。

3. 仿真变量

采用 Extendsim 系统仿真软件对企业进行组织流程仿真建模，还需要了解三种不同类型的仿真变量。它们分别是输入变量、响应变量和状态变量。

（1）输入变量

输入变量也被称为独立变量，因为它们在仿真系统中的取值与其他变量的取值不发生关系，如系统的工作时间、系统内资源的数量、流程中作业操作对象的容量等。系统的输入变量一旦进入系统，输入变量一般不会发生变化。如果企业改变输入变量的取值，一定会引起系统行为和系统性能的变化。

（2）响应变量

响应变量又称输出变量、性能变量等，是用来测量系统性能的。例如，某个生产线任务积压的情况、某个岗位员工的有效工作时间等，都是典型的响应变量。

响应变量依赖于输入变量，即输入变量的不同取值会导致响应变量不同的取值，我们采用仿真方法模拟企业组织流程的运行状况的目的就是要寻找最优的输入变量(决策变量)的取值，以达到让整个组织系统性能达到最佳。

（3）状态变量

状态变量用来反映某一特定时间的系统状态，如任务的完成进度、设备的占用情况、某个活动的作业成本等。本书建立企业组织流程仿真系统模型的目的就是通过仿真模型运行的状态变量了解组织系统内各个节点的运行状况，这些状态变量的集合反映的就是企业整个组织系统的状态。状态变量的取值同样也依赖于输入变量，即输入变量的不同取值会导致状态变量的不同取值。

在对企业组织流程仿真建模的过程中需要许多输入变量，有些输入变量是确定型的，只需通过调查获取该变量的固定取值即可用于仿真模型。例如，设备的功率、岗位定员数量、企业每天营业时长等都是确定型的输入变量。但是在大多数情况下，也有很多输入变量是随机性的，即随机变量。例如，任务或订单到达的时间间隔、机器加工时间、某岗位处理事务的时间等。仿真建模的一个重要任务就是确定这些输入随机变量，以及它们的概率分布，以便在仿真模型中能够使用它们。

4. 企业组织系统的结构和流程描述

采用 Extendsim 系统仿真软件对企业的组织系统进行建模之前，首先要对该企业组织系统的结构和流程进行描述。在 Extendsim 系统仿真建模过程中，系统对于组织结构的描述主要是根据该组织内部所有流程的配置情况决定的。因此，在进行仿真建模之前需要详细收集组织流程排列的逻辑顺序信息。在 Extendsim 系统仿真软件中，系统提供了详细的组织流程定义组件，用来建立符合组织真实情况的流程模型。这些组件由项目模块和规则模块两部分组成。不同的项目模块定义了组织流程中的实体与动态信息,规则模块决定了流程的去向,启动与结束条件。本书列举了部分常用的项目模块和规则模块,如表7-1所示。

表 7-1　Extendsim 系统仿真软件中的项目模块和规则模块举例

模块名称	所属库及类别	模块功能
Create	Item-Routing	随机地、根据时间表或无穷地生成实体
Exit	Item-Routing	移除仿真系统内的实体
Get	Item-Properties	获取用户指定或系统级的实体属性:如数量、占用时间等
Set	Item-Properties	将用户指定的属性附加给流过的实体
Equation	Item-Properties	进行复杂计算,结果可以直接从其值输出点输出,也可以赋值给实体
Queue	tem-Queues	在实体进行下一步操作之前对其进行存储
Catch Item	Item-Routing	接收实体
SelectItemIn	Item-Routing	选择一个输入并输出实体
SelectItemout	Item-Routing	将其接收的实体发送到选中的输出
Throw Item	Item-Routing	将实体抛出到 Catch Item 模块
Decision	Value-Math	与 Item 库中的模块一同使用来控制仿真模型中某部分实体流
Gate	Item-Routing	控制模型中某部分的实体流或根据模型情况进行控制(条件门控)
Math	Value-Math	进行数学操作,可以与 Item 库中模块一同使用来控制模型中的实体

三、数据库结构设计

在本书构建的企业组织流程性能仿真评估系统中,数据库是数据系统的核心,各种功能模块通过对数据库中数据的存取和处理来完成系统的各种功能,是实时仿真平台最重要的部件。本书采用 SQL server 2000 作为数据库平台构建的基础,将整体数据库平台划分为历史数据库、虚拟资源库、规则库和仿真数据库。

1. 历史数据库

企业组织流程性能仿真评估系统中的历史数据库用于企业流程作业过程中发生数据的自动采集、存储和监视,可在线存储每个作业监控点的往时数据,可以提供清晰、精确的操作情况画面,用户既可浏览企业当前的生产情况,也可回顾过去

· 91 ·

的流程运行情况。可以说,历史数据库对于流程企业来说就如同飞机上的"黑匣子"。

2. 虚拟资源库

企业组织流程性能仿真评估系统中虚拟资源库用于存储系统中的资源信息,如原材料、产成品、设备、人员等信息。实际上,虚拟资源库的作用就是将现实中的资源虚拟化,并根据企业对这些资源的使用情况,及时变更资源数量信息,以提供给系统仿真模型使用。

3. 规则库

企业组织流程性能仿真评估系统中的规则是指仿真系统内用于针对流程、作业、数据等元素进行的限制或约束,是用户对整个流程仿真系统定义的集合。规则库就是用来存储这些定义。

4. 仿真数据库

企业组织流程性能仿真评估系统中的仿真数据库用来存在流程仿真系统内的实时数据,这些实时数据一方面提供给仿真盘台输出系统的实时信息;另一方面这些实时数据将存储到历史数据库中形成整个流程仿真系统的历史记录。

四、仿真平台实现实时仿真的 S 函数

在本书想要实现的企业组织流程实时仿真评估平台中,仿真平台以一定的数据采样周期运行,实际的生产过程需要借助仿真平台中的用户界面完成流程中的任务控制。控制变量输出给控制对象后,实际系统运行的数据即时地被仿真平台采集,并经过处理反映在仿真数据盘台上。因此,可以保证整个企业组织流程实时仿真评估平台与企业组织流程运行过程在时间上保持同步。为了实现企业组织流程实时仿真评估平台中数据与现实组织流程运行过程保持一致,这里需要使用 S 函数加以控制,以使 Extendsim 仿真时间与实际时间同步。本书实现实时仿真的时间记录文件"delay"的 S 函数如下:

```
function [sys, x0, str, ts] = mdllnitializeSizes% 在仿真启动时,记录系统时间
global start;
start = clock; % 更新状态时,加入循环
function sys = mdlUPdate(t, x, u)
global start;
if t == 0
start = clock;
end
t1 = etime(clock, start);
```

```
while t>t1 % 若仿真时间大于系统时间,则等待
t1 = etime(clock, start);
end
sys = [];
```

S 函数实现实时原理如图 7-2 所示。

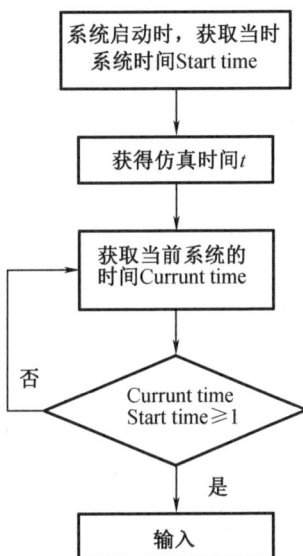

图 7-2 S 函数实现实时原理图

第二节 企业组织流程仿真评估平台用户界面实现

企业组织流程仿真评估平台的用户界面是用来帮助企业用户实现组织流程定义、参数设置、资源分配以及流程作业等功能的操作平台。借助于此平台,企业用户可以在统一的平台界面上实现数据操作和流程监控。本书构建的企业组织流程仿真评估平台用户界面根据系统功能需求设置为公共界面、采购管理、生产管理、质量管理、库存管理和销售管理几个模块,接下来就各个界面的实现方法进行详细介绍。

一、公共界面的设计与实现

企业组织流程仿真评估平台的公共界面的主要功能是为企业用户提供系统定义、用户定义以及数据备份等系统功能。

(1)公共界面

企业组织流程仿真评估平台的公共界面如图 7-3 所示。

图 7-3　公共界面

（2）菜单结构

本书采用 Visual Basic 编程语言进行程序编译，其菜单结构如图 7-4 所示。

图 7-4　菜单结构

（3）参数设置

企业用户在登录到本平台以后，首先需要在公共界面上的系统管理模块下对企业的流程及资源参数进行设置，需要进行设置的内容包括以下几点。

①系统时间。在仿真系统时间设置（图 7-5）模块中，用户可以根据需要设置系统的起止时间、时间计算单位以及工厂日历等。对于我国的企业来说，可以将操

作主机的时间作为仿真系统的核算时间,这样可以保证仿真时间与现实时间一致。另外,企业可以将时间计算精度设置为分钟,这样既有助于评估结果的精确性,又不会给系统造成太大的计算负担。若是企业将时间精度确定为秒,可能会导致系统运算缓慢,需要通过升级硬件来避免此情况发生。

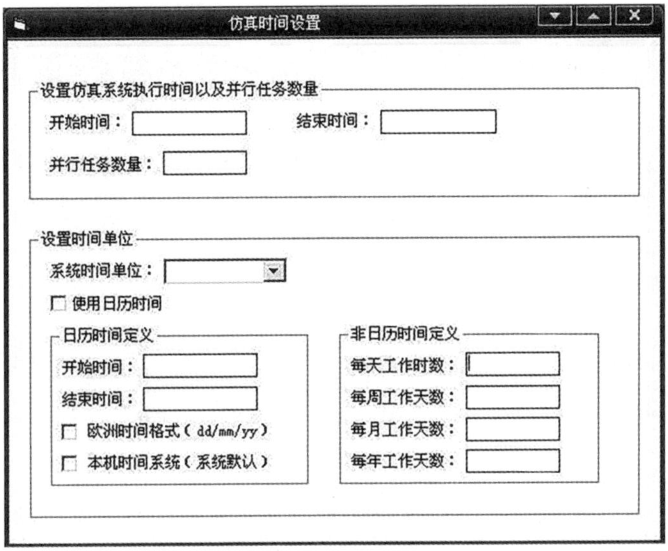

图 7-5 仿真系统时间设置

②系统类型。系统类型设置(图 7-6)包括企业生产类型设置和任务生成方式设置。企业生产类型定义的是被评估的企业的生产类型,如单件生产、订单小批量生产、多品种小批量生产、按库存生产、批量生产、重复生产和连续生产等。任务生成方式定义的是被评估企业组织流程仿真系统中任务的产生方式,如随机产生、根据时间表产生和由数据库内数据产生等。

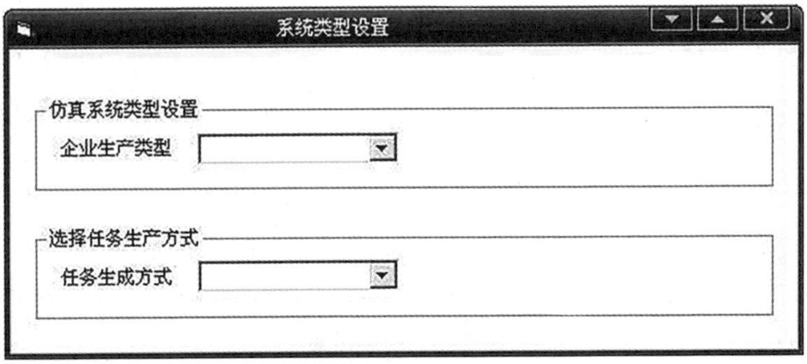

图 7-6 系统类型设置

③资源类型。资源类型设置(图7-7)模块用来定义企业组织流程仿真系统中的资源信息,企业用户通过本模块可以设置企业内部的资源类型、名称、数量和所属部门等信息。通常情况下,企业内部的资源包括人员、设备、生产资料以及其他工具等。当然,企业在经营过程中也可以在此模块中随时增加企业的资源或是改变企业资源的信息。

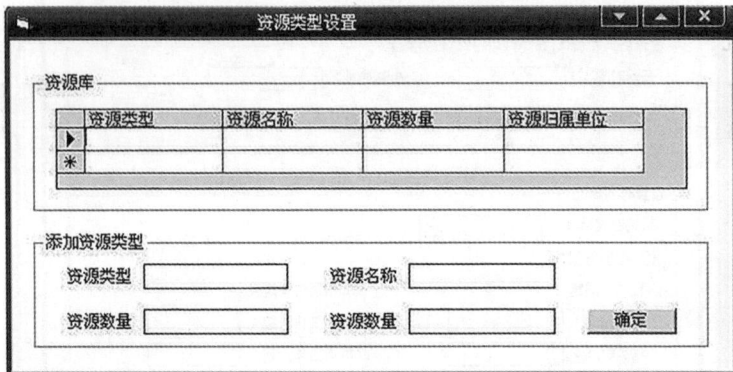

图7-7　资源类型设置

④规则设置。规则设置(图7-8)模块是用于定义仿真系统中的排队规则,比较常见的排队规则有先来先服务、按优先级服务等。企业用户可以根据订单的轻重缓急设置每个订单的排队规则,如将某笔订单设置为最先生产或将现有的生产系统设置为产品数量小的优先生产等。

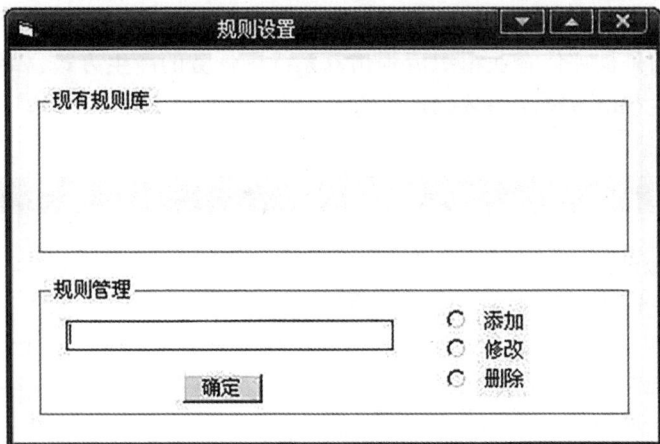

图7-8　规则设置

⑤系统参数。系统参数设置如图 7-9 所示。

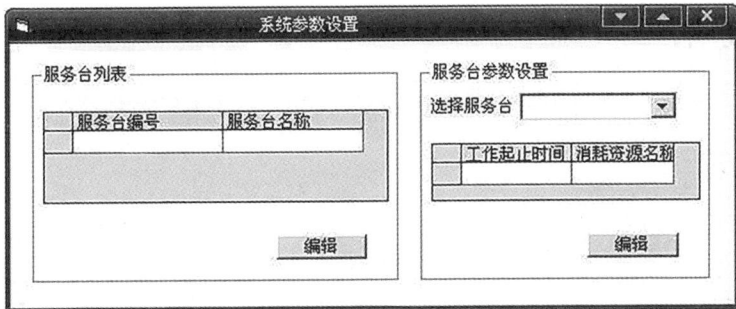

图 7-9　系统参数设置

二、功能界面的设计与实现

企业组织流程仿真评估平台功能界面的主要功能是为企业用户提供具体功能的操作平台,企业用户利用功能界面实现企业组织流程的运行、操作以及数据管理功能。

（1）销售管理模块

销售管理模块在整个企业的销售管理系统中的地位非常重要。对于那些以销定产的企业来说,销售环节是整个系统流程的起点,采购、生产、质检等一切流程都要在销售环节的订单签订流程之后展开。对于那些按照市场需求或库存信息批量生产的企业来说,销售环节尽管位于整个系统流程末端,但是销售环节保障的是企业资源的合理循环。因此,本书在构建企业组织流程性能仿真评估平台时,结合销售模块的功能需求,将平台中的销售订单(合同)管理系统模块设计如图 7-10 所示。

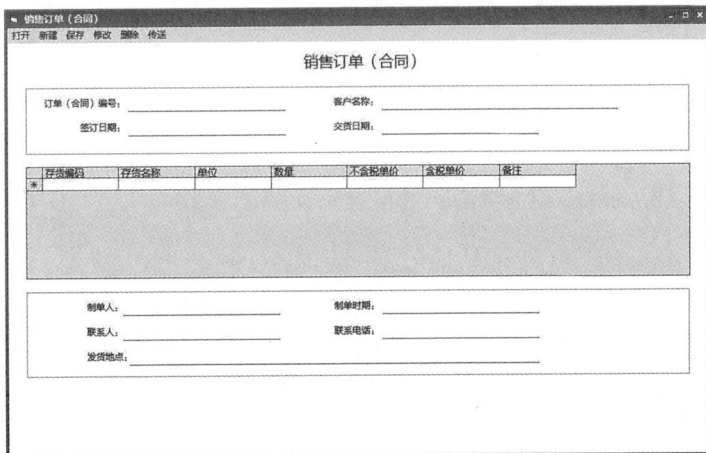

图 7-10　销售订单(合同)管理界面

在销售订单(合同)管理界面上,企业可以录入新获取的合同,并注明产品信息、交货日期等信息。制作好的合同可以通过点击"传输"按钮发送到流程的下一环节,传输界面如图7-11所示。

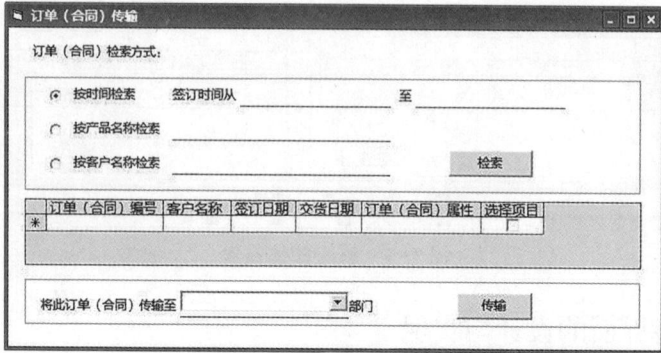

图7-11　销售订单(合同)传输界面

(2)采购管理模块

企业在接收到销售部门传送过来的销售订单(合同)后,应在第一时间将销售订单(合同)上的产品信息转化为物料的需求信息。这一过程需要两个步骤,一是根据产品BOM将该笔订单(合同)的产品数量换算为企业完成订单(合同)所需的物料需求总量;二是参照库存信息,最终确定合理的物料采购需求,再将物料需求转换为物料采购计划。因此,在设计采购管理模块时,需求设计以图7-12几个功能界面来实现这些功能。

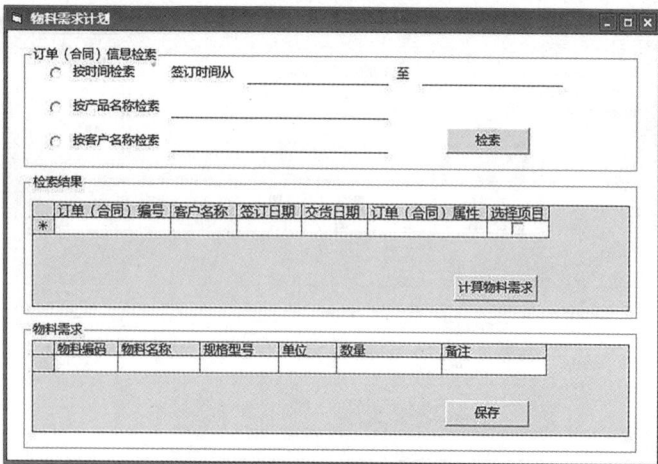

图7-12　物料需求设计界面

在物料需求统计界面上,企业用户可以单独统计某一份订单(合同)的物料需求信息,也可以通过复选框统计多份订单(合同)的物料需求信息,这样就能够实现多份订单(合同)的合并采购,在一定程度上实现了企业的经济批量采购,有助于企业降低成本。对于单件生产的企业来说,其产品往往都是定制生产,没有相对固定的产品 BOM。对于这种情况,企业可以根据产品设计计算出物料需求,再将信息输入到"物料需求"的表格中即可。

如图 7-13 所示,在采购订单状态查询界面中,制造型中企业用户可以根据采购时间、物料名称或是生产任务编号查询采购订单信息。在检索结果中点击"查询明细"按钮可以查看各笔采购订单中物料的具体状态,如已到货和未到货等信息。

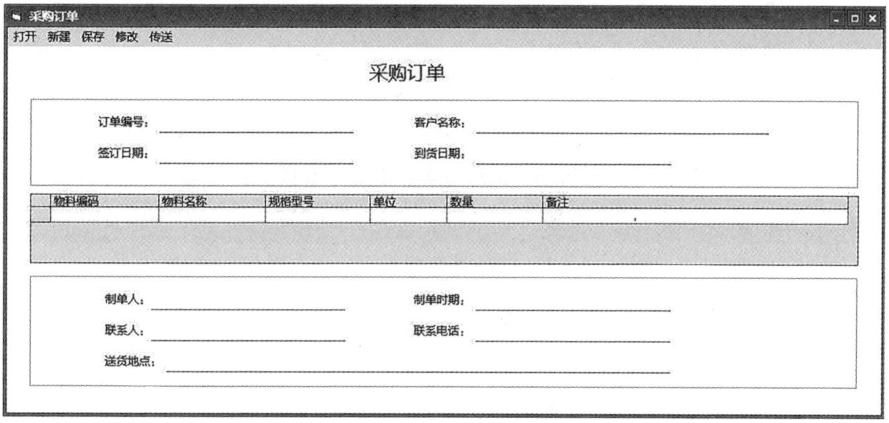

图 7-13　采购订单界面

(3)生产管理模块

企业在接收到销售部门传送过来的销售订单(合同)后,会将销售订单(合同)自动汇总到生产任务管理界面的表格内。如图 7-14 所示,企业用户可以根据企业实际情况,执行或冻结某一订单(合同)的生产任务;可以查询某一生产任务的生产进度明细,当某一生产任务中所有的工序产品都已经完成时,用户可以通过点击"完工"按钮,将信息反馈给销售部门,销售部门据此信息展开发货工作。

点击"打开"按钮,然后点击上一由界面生成的"物料需求计划"便可以将之前统计完成的"物料需求计划"中的信息转移到采购订单中。

对于不同类型的企业,生产流程中工序的组织方式也不同。如图 7-15 所示,对于单件生产和按订单生产类型的企业来说,由于客户的需求不同,有可能每份合同中产品所需的加工工序也不同;对于多品种小批量生产、批量生产、重复生产的企业来说,一般同一品种产品所需的工序相对固定,但是不同品种产品之间所采用的工序还会存在差别;即便是连续生产的企业,尽管每种产品所要经过的工序大体一致,但是也不能排除不同规格、不同型号产品之间存在着工序上差异。

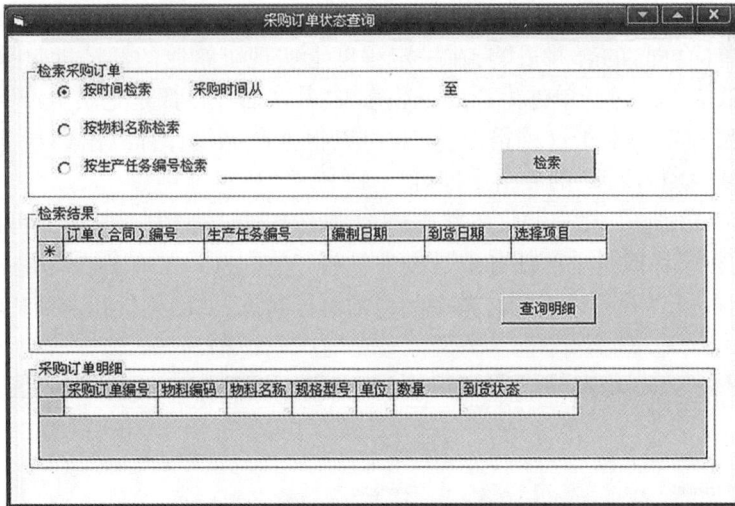

图 7-14　采购订单状态查询界面

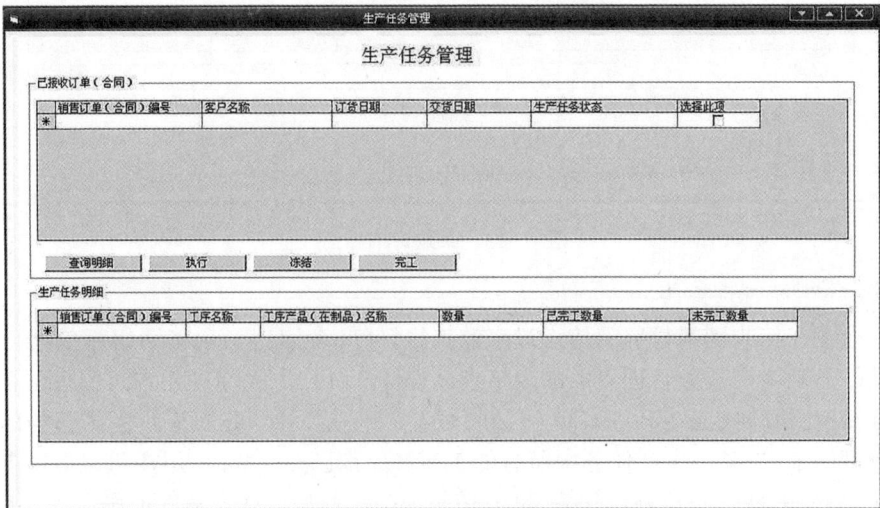

图 7-15　生产任务管理界面

为了解决这种工序差异问题,在企业生产任务的执行过程中,需要针对销售订单中不同产品所需的不同工序情况在仿真系统中加以配置,以免造成系统故障对系统运行结果的影响。因此,在生产部门下达生产任务,即点击"执行"按钮时,需要进行工序配置,如图 7-16 所示。

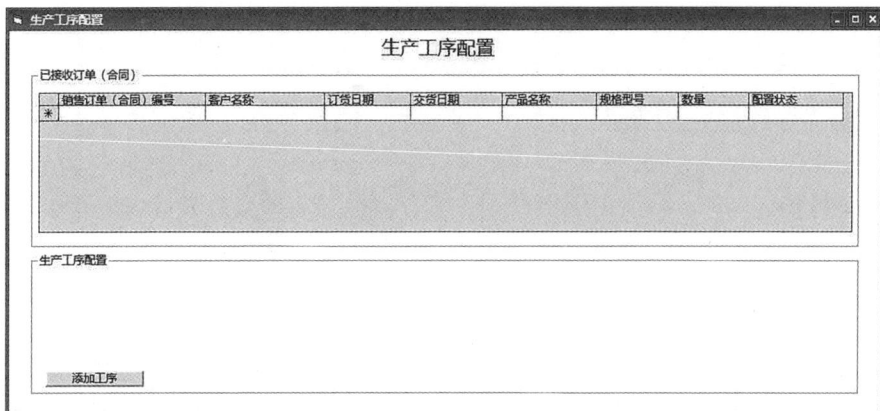

图 7-16　生产工序配置界面

（4）质量管理模块

在产品质量管理（图 7-17）模块中有两个工作区域，第一个工作区域显示的是目前尚未完工的销售订单（合同）记录。每当生产部门执行一个生产任务时，就会在此区域的表格中自动生成一条记录。企业用户可以点击任意一条记录，此时在本界面的第二个工作区域，即生产任务明细列表中就会将该条记录中的各工序以及每道工序的生产任务名称、数量等信息详细列出。质检员通过填写表格中"合格品数量"和"不合格品数量"以及"质检员签名"等信息完成质量检验工作。与此同时，相应的质检记录被系统汇总到数据库中，企业用户可以通过点击"产成品质检记录""在制品质检记录"查询到相应的信息。

原材料的质检过程与产成品的质检过程相似，在原材料管理（图 7-18）模块的第一个工作区域中显示的是尚未检验入库的采购订单记录。每当采购订单中的一种物资到达企业后，由质检员进行质量检验，检验合格后由质检员在相应的表格中填写"合格数量""不合格数量"以及"质检员签名"等信息。同时，相应的质检记录被系统汇总到数据库中，企业用户可以通过点击"原材料质检记录"查询到相应的信息。

（5）库存管理模块

在库存管理模块的原材料管理界面上，采购订单列表的内容显示的是尚未采购完成的订单列表，点击订单编号可以在下面的表格中显示该笔订单的详细物料信息。当订单中的物料到厂经质检员检验合格后，在"质检员"一栏会注明质检员的姓名，此时保管员点击"办理入库"按钮可将该项物料信息写入库存档案，此时该项物资的到货状态显示为"已入库"。

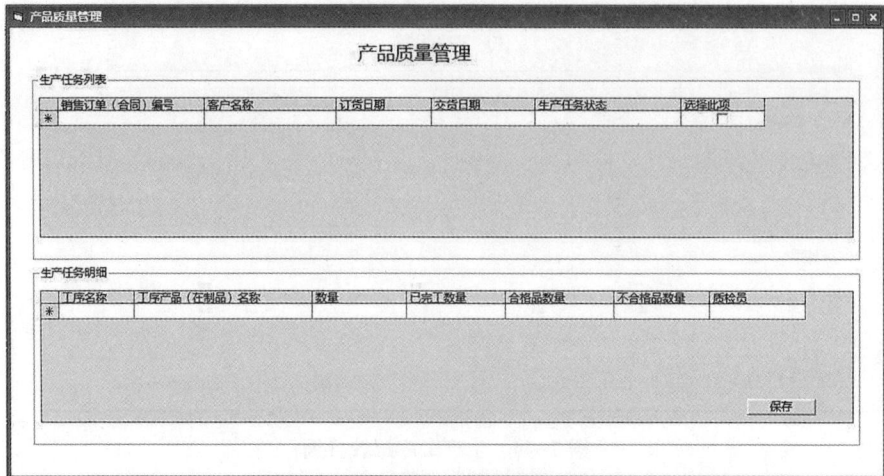

图 7-17　产品质量管理界面

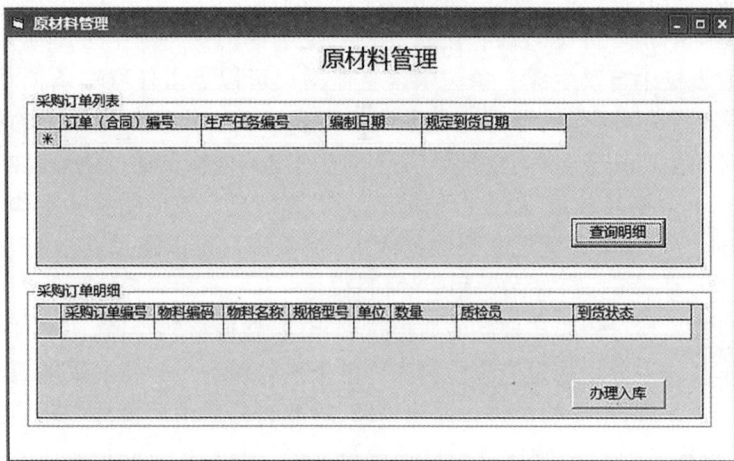

图 7-18　原材料管理界面

　　同样,半成品和产成品的入库方法和原材料的入库方法类似。如图 7-19 所示,生产任务列表中显示的是目前企业正在执行的生产任务列表。点击其中一项生产任务,其生产工艺流程中的半成品以及产成品信息便会显示在生产任务明细列表中。当工序中的半成品或产成品经质检员检验合格后,在"质检员"一栏会注明质检员的姓名,此时保管员点击"办理入库"按钮可将该项半成品或产成品信息写入库存档案,此时该项信息状态显示为"已入库"。

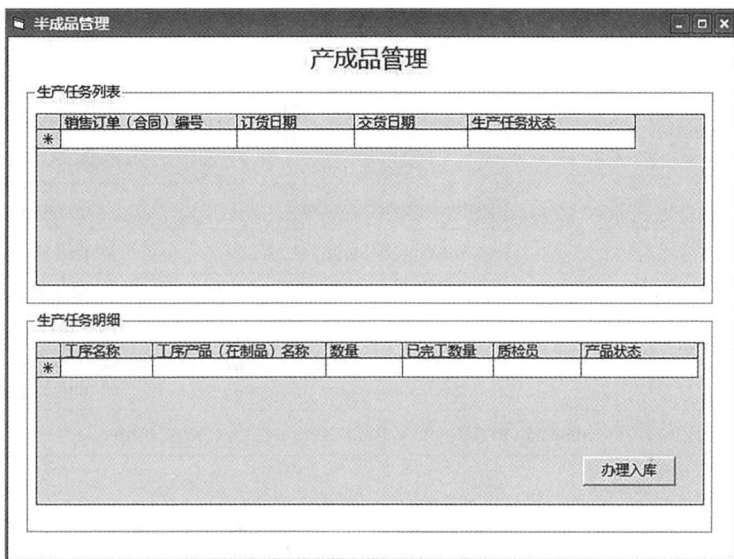

图 7-19　产成品管理界面

第三节　企业组织流程系统仿真建模

系统实时仿真是企业真实过程或系统在整个仿真时间内运行的模拟。在研究、分析系统时,对于仿真时间变化的系统特性,通常是通过建立一个仿真模型来进行研究。在某些情况下,所研究的模型足够简单,可以用数学方法表示和求解。但是企业组织流程的真实情况是非常复杂的,无法用数学关系或数学方法简单求解,这就需要利用现代仿真工具帮助解决问题。我国的企业经过几十年的发展,在其内部已经形成相对完整的流程体系,对我国企业进行组织流程仿真建模的过程也是对这些企业组织流程的系统分析过程。那么,本书就有必要对我国企业的各个系统依次进行分析和建模。

一、企业采购系统流程仿真建模

根据上文对于企业采购系统流程的分析,本书对其进行仿真模型时包含的模块及数量如表 7-2 所示:

表 7-2　采购系统仿真模块列表

模块名称	数量	前端模块	后端模块
Executive	1	—	—

表 7-2(续)

模块名称	数量	前端模块	后端模块
Create	1	—	Activity
Activity	7	Queue	Queue、Select、Exit
Queue	7	Create、Activity、Select	Activity
Exit	2	Activity、Select	Mean&Variance
Select	1	Activity	Queue、Exit
Information	1	Activity	Mean&Variance
Resource Item	1	Activity	Mean&Variance
Mean&Variance	4	Information、Resource Item、Activity、Exit	—

为了了解企业采购系统仿真模型的创建方法,本书将对模型窗口中的流程模块、数据模块以及各模块之间联系的创建过程进行介绍。

1. 设置仿真时间属性

在进行企业采购管理流程仿真建模之前,需要对企业采购管理模块进行系统的初始设置。初始设置需要调用本书前面建立的企业组织流程性能仿真评估平台中的"系统参数设置"界面。在此界面中,企业用户需要结合企业实际情况设置的属性包括"开始时间""结束时间"以及"时间单位"等系统信息。例如,企业用户可以根据需要选择让仿真模型在固定时间终止、在固定完成任务数量终止或无限期运行;同样可以根据需要选择以分钟、小时、天或年作为模型运行的时间单位。

2. 模块创建过程

(1)Executive 模块

Executive 模块在 Item 库中,主要起事件调度和仿真管理作用。

(2)Create 模块

Create 模块负责在仿真系统中生成实体(任务或订单),企业可以根据自身的实际情况选择实体(任务或订单)的生成方式,包括随机生成、根据时间表或无穷生成等方式。有些连续生产类型的企业的任务或订单的到达会服从某些数学分布,在 Create 模块中提供了任务或订单到达指数的设置对话框,企业可以根据企业实际选择指数分布、泊松分布以及其他指数分布类型。在确定了指数分布类型后,企业还要确定其指数分布的均值。另外,Create 模块中还有其在仿真时间内生成实体(任务或订单)数量统计的功能。

(3)Activity 模块

Activity 模块在企业采购系统仿真模型中代表的是采购流程中的每一项活动或作业。在添加 Activity 模块时,需要设置每一项活动或作业的属性。这些属性包括活动或作业的容量,即一项活动或作业同时处理任务的数量、活动或作业的效率,即每单位仿真时间内活动或作业可以处理任务或订单的数量、活动或作业的成本,以及活动或作业每执行一次任务所花费的费用等。

(4)Queue 模块

Queue 模块在仿真模型中没有具体的业务功能,但在企业仿真模型中设置Queue 模块是为了收集每个活动作业任务的完成与积压情况。Queue 模块提供了用于统计等待接收处理的任务或订单数量信息的 L 输出端口和用于统计任务或订单等待时间信息的 D 端口,这些端口可以与统计模块连接,将结果输出到系统表格或数据库中。

(5)Exit 模块

Exit 模块的功能是使完成的任务或订单退出仿真系统。同时,Exit 模块还负责统计系统完成的任务或订单的数量。Exit 模块提供的 Report 功能可以将统计结果直接输出到系统表格或与 Plotter 模块连接,将统计结果以曲线图形式输出。

(6)Information 模块

Information 模块的功能是统计系统信息,它可以把系统信息通过不同的端口输出。一般情况下,在仿真系统内添加一个 Mean&Variance 模块就可以将信息收集起来供系统用户读取。

(7)Resource Item 模块

Resource Item 模块被称作资源模块,它的功能是控制系统内资源的分配和使用。例如,Resource Item 模块可以根据不同活动或作业的忙闲情况,将人员、设备、使用权等资源分配到需要的部门。同时,Resource Item 模块的统计功能将系统信息,例如资源的使用数量、使用率、费用等信息输出。系统用户同样可以通过Mean&Variance 模块将统计结果读取。

(8)Mean&Variance 模块

Mean&Variance 模块和 Queue 模块一样不具有具体的业务处理功能。Mean&Variance 模块在仿真系统里的作用是收集不同端口输出的数据,并将数据进行求均值、方差、排序等方式的处理。

3. 建立模块间逻辑链接

建立模块间的逻辑链接过程就是将仿真系统的模块实现对企业现实管理状况的还原过程,模块间的逻辑顺序即是组织系统流程的先后顺序。对于系统内统计模块的链接,要根据所需数据的输出端口名称进行链接。例如,资源占用率统计模块的输入端口就要和 Resource Item 模块的 in use 端口链接。如果错链到其他数据输出端口,那么系统将无法获得正确数据。

4. 仿真界面设置

在中小企业采购系统仿真模型(图 7-20)的界面上,除了显示仿真模型的运行界面,还可以通过编程方法将各种属性设置的操作界面、原始数据的输入界面、系统运行结果的输出界面反映在仿真系统界面上。这样的设计可以使企业用户直接在仿真系统界面上实施操作,大大降低了企业仿真建模的实施难度,提高了建模效率。

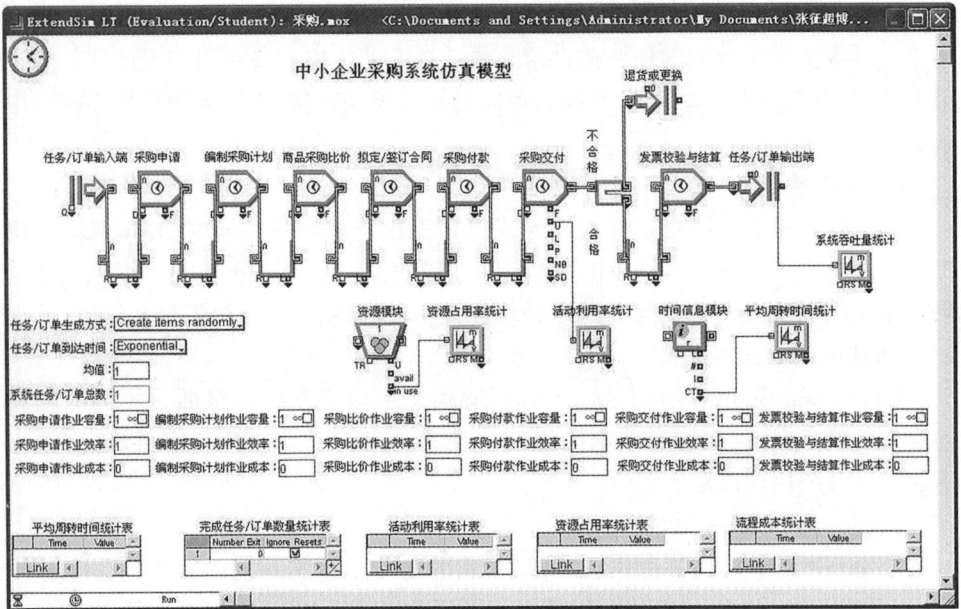

图 7-20　中小企业采购系统仿真模型

二、企业库存系统流程仿真建模

根据前文对于企业库存系统流程的分析,本书对其进行仿真模型时包含的模块及数量如表 7-3 所示:

表 7-3　库存系统仿真模块列表

模块名称	数量/个	前端模块	后端模块
Executive	1	—	—
Queue	2	Create、Activity、Select	Activity
Activity	4	Queue	Queue、Select、Exit
Select	3	Activity	Queue、Exit
Exit	1	Activity、Select	Mean&Variance

为了了解企业库存管理系统仿真模型的创建方法,本书将对模型窗口中的流程模块和数据模块以及各模块之间联系的创建过程进行介绍。

1. 设置时间属性

企业库存管理模块时间属性的设置方法和采购模块时间属性的设置方法相同。当库存管理仿真模型独立运行时,企业可以根据企业实际需要进行设置。当库存管理仿真模型用于与其他系统的仿真集成时,那么库存管理仿真模型时间属性的设置一定要与集成系统仿真模型时间属性的设置保持一致。

2. 模块创建过程

(1)Executive 模块

将 Executive 模块从 Item 库中调出,放置在仿真模型窗口的左上角。

(2)Queue 模块

在企业库存管理仿真模型中,Queue 模块记录的是入库和入库作业任务的执行情况。同样可以将等待处理的任务的等待时间等信息通过 L 和 D 端口输出。

(3)Activity 模块

企业库存管理仿真模型中的 Activity 模块分别代表库存管理流程中的入库程序、出库程序、库存盘点和数据维护作业。每项作业内容属性的设置和采购流程中活动或作业属性的设置方法相同。本书已将属性设置窗口建立在系统仿真界面上,用户可以根据需要随时修改。

(4)Select 模块

Select 模块在企业库存管理仿真模型中的扮演着数据接口的角色。在库存管理系统中,无论是入库还是出库程序,都要接受来自企业其他部门的信息才能进行下一步作业,Select 模块就是收集来其他部门的信息。根据库存管理部门的作业规程合理安排任务的执行顺序。在 Select 模块中,企业用户可以选择任务排序的原则,以及多个任务各自的优先级别。本书已将 Select 模块属性的设置窗口建立在系统仿真界面上,用户可以根据自身需求实施操作。

(5)Exit 模块

在企业库存管理仿真模型中,库存管理部门工作的最终结果是向企业提供一份准确、及时的库存信息报告。Exit 模块的功能是将完成的库存信息报告移除仿真系统,并将仿真系统完成的报告数量统计在案,并等待其他数据模块接收这些数据。

3. 建立模块间逻辑链接

建立中小企业库存管理仿真模型(图 7-21)的逻辑链接过程比较复杂,因为库存管理仿真模型与其他模型中的多个模块都存在逻辑链接关系。Extendsim 系统仿真软件提供了两种跨系统模块链接方式,一种是利用分层建模的方法将一个系统仿真模型封装在一个层级模块中,只留有数据链接接口;另一种是利用 Throw 和 Catch 模块将一个模型与另一个模型链接。

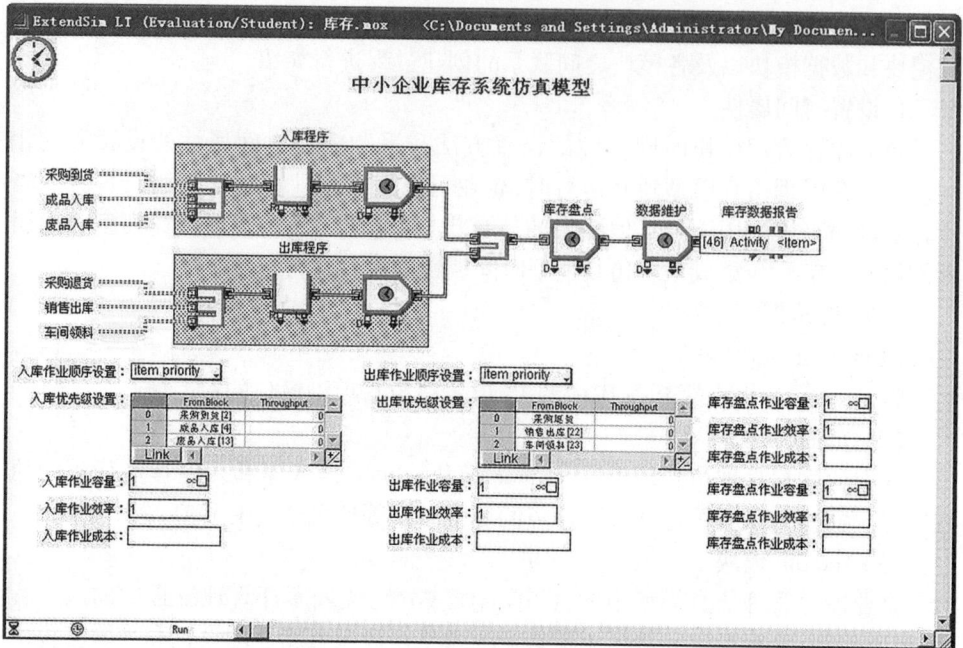

图 7-21　中小企业库存系统仿真模型

三、企业销售系统系统仿真建模

根据上文对于企业销售系统流程的分析,本书对其进行仿真模型(图 7-22)时包含的模块及数量如表 7-4 所示:

表 7-4　销售系统仿真模块列表

模块名称	数量	前端模块	后端模块
Executive	1	—	—
Create	1	—	Activity
Activity	6	Queue	Queue、Select、Exit
Queue	6	Create、Activity、Select	Activity
Exit	1	Activity、Select	Mean&Variance
Information	1	Activity	Mean&Variance
Resource Item	1	Activity	Mean&Variance
Mean&Variance	4	Information、Resource Item Activity、Exit	—

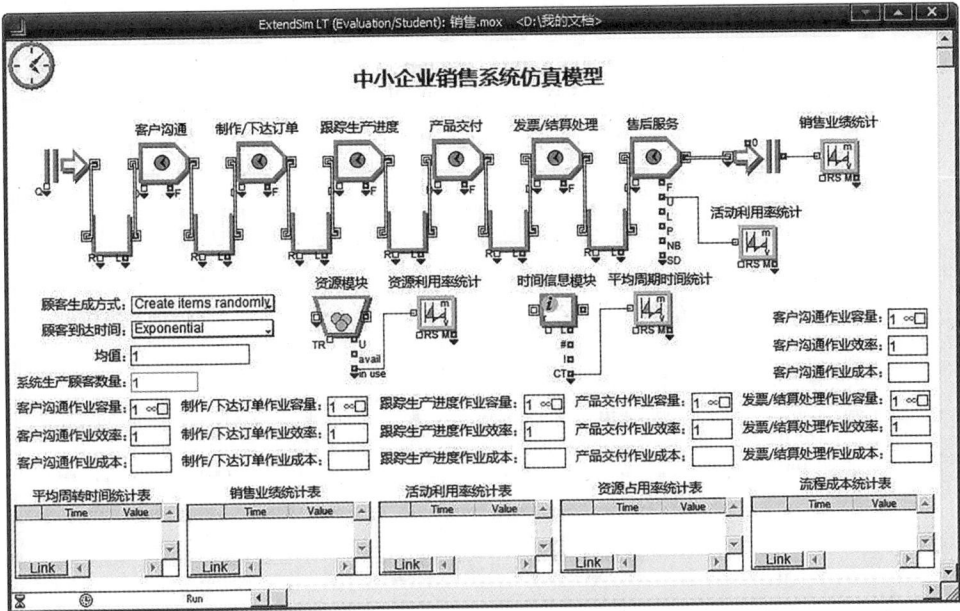

图 7-22 中小企业销售系统仿真模型

为了了解企业销售管理系统仿真模型的创建方法,本书将对模型窗口中的流程模块和数据模块以及各模块之间联系的创建过程进行介绍。

1. 设置时间属性

企业销售管理模块时间属性的设置方法和以上两个模块时间属性的设置方法相同。可以将时间单位属性设置为 Generic,这是一个无量纲的时间单位,一旦选择了 Generic 作为全局时间单位,将使得所有模块的时间单位都被统一。

2. 模块创建过程

(1)Executive 模块

同样将 Executive 模块从 Item 库中调出,放置在仿真模型窗口的左上角。

(2)Create 模块

在企业销售系统仿真模型中添加一个 Create 模块,用来模拟系统中顾客的到达状态。在 Create 模块属性中设置顾客的到达方式、到达时间的分布类型及均值等。

(3)Activity 模块

在企业销售系统仿真模型中添加六个 Activity 模块,分别代表客户沟通、制作/下达订单、跟踪生产进度、产品交付、发票/结算处理和售后服务六个流程活动。

(4)Queue 模块

分别为 Activity 模块添加 Queue 模块,用来统计销售流程活动各自等待处理的任务数量和任务的等待时间等信息。

（5）Exit 模块

在企业销售系统仿真模型中添加一个 Exit 模块，将销售系统完成的任务清除出系统，并在 Exit 模块后添加一个 Mean&Variance 模块用来统计销售系统完成的任务数量。

3.建立模块间逻辑链接

建立企业销售系统仿真模型的制作/下达订单和跟踪生产进度模块未来要和生产系统进行逻辑链接，产品交付模块要和库存管理系统进行逻辑链接。因此，建立企业销售系统仿真模型的时候要为将来的系统间逻辑链接留有数据接口。

四、企业生产系统仿真建模

根据上文对于企业生产系统流程的分析，本书对其进行仿真建模时需要使用的模块及数量如表7-5所示：

表7-5　生产系统仿真模块列表

模块名称	数量/个	前端模块	后端模块
Executive	1	—	—
Create	1	—	Activity
Activity	5	Queue	Queue、Select、Exit
Queue	5	Create、Activity、Select	Activity
Exit	1	Activity、Select	Mean&Variance
Throw	1	Activity	—
Catch	1	—	Queue
Information	1	Activity	Mean&Variance
Resource Item	1	Activity	Mean&Variance
Mean&Variance	4	Information、Activity、Exit	—

为了了解企业生产系统仿真模型的创建方法，本书将对模型窗口中的流程模块和数据模块以及各模块之间联系的创建过程进行介绍。

1.模块建立过程

（1）Executive 模块

将 Executive 模块从 Item 库中调出，放置在仿真模型窗口的左上角。

（2）Create 模块

在企业生产系统仿真模型中添加一个 Create 模块，用来模拟系统中生产任务/订单的到达状态。有的企业用户习惯将销售模块与生产模块进行集成，这时，在生产系统内部需要 Create 模块,只要将销售系统中的制作/下达订单模块和生产系统中接受生产任务/订单模块连接就可以了。

(3)Activity 模块

在企业销售系统仿真模型中添加五个 Activity 模块,分别代表接受生产任务/订单、制定物料需求计划、制定生产计划、成品交付和完工结算五个流程活动。其中,执行制造模块在本书中采取分层建模的方法在另一层级上进行仿真建模,并将建模的结果封装在一个层级模块中,执行制造模块与流程中前后的作业间使用 Throw 和 Catch 模块完成连接。

(4)Queue 模块

分别为 Activity 模块添加 Queue 模块,用来统计生产流程活动各自等待处理的任务数量和任务的等待时间等信息。

(5)Exit 模块

在中小企业生产系统仿真模型(图 7-23)中添加一个 Exit 模块,将生产系统完成的任务清除出系统,并在 Exit 模块后添加一个 Mean&Variance 模块用来统计生产系统完成的任务数量。

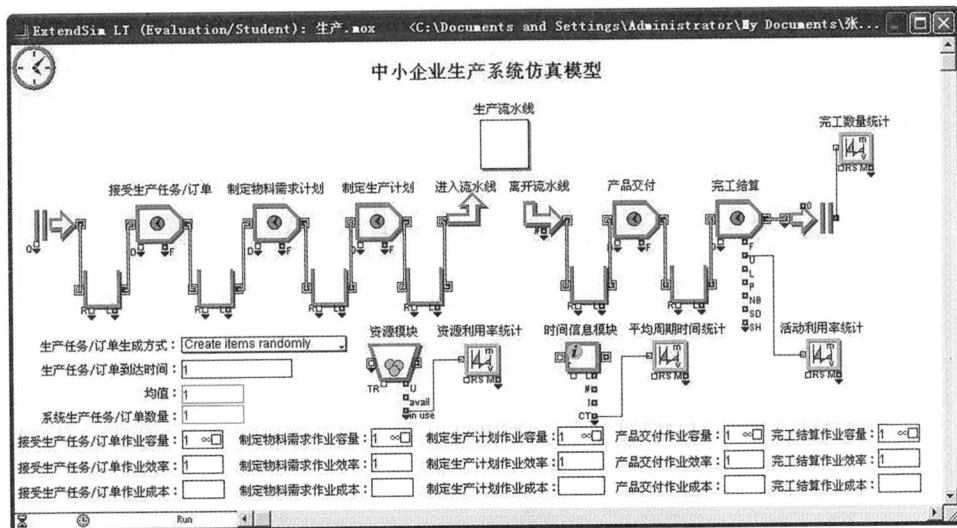

图 7-23　中小企业生产系统仿真模型

2. 建立模块间逻辑链接

建立企业生产系统仿真模型的接受生产任务/订单模块未来要和销售系统的制作/下达订单模块进行逻辑链接,成品交付模块要和库存管理系统进行逻辑链接。因此,建立企业生产系统仿真模型的时候要为将来的系统间逻辑链接留有数据接口。

五、企业生产流水线仿真建模

在我国生产企业中,流水线可以被当作是一个独立的系统看待。这是因为流水线本身具有独立系统同的特征:具有投入/产出机能、系统内部与外界环境以及系统内部模块之间存在着资源循环关系等。因此,在对企业生产系统仿真建模的时候,可以将流水线作为制造模块和其他模块一起在一个仿真层面上建立,也可以作为生产制造系统的子系统,在生产制造系统下新的层面上建立。本书为了更加形象的说明我国企业生产制系统内部的流程运行状况,将流水线作为一个独立系统研究。接下来,本书就来介绍流水线系统的仿真建模过程。

1. 流水线分析

企业流水线是由一系列生产工序构成的,工序间根据产品特性具有一定的顺序。产品在不同工序间流通的过程不仅仅是产品形态变化的过程,也是产品价值的转移过程。产品在流水线上的一道工序转移到另一道工序,除了形态的变化外,在产品身上附加的制造费用、人工费用、设备折旧等形式的价值都在增加,最终成为产品成本中的一个组成部分。

(1)串联工序

一般在企业的流水线上,工序与工序之间会存在两种排列关系,分别是串联关系与并联关系。串联关系表现为多个工序串联起来,产品从一个工序流动到另一个工序,每个工序在一次作业中完成一个任务。串联关系在仿真系统中通常如图7-24所示。

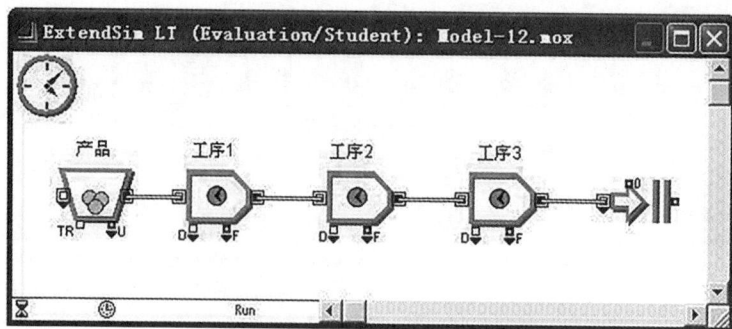

图7-24 串联工序仿真模型

(2)并联工序

并联关系表现为存在两种或两种以上具有同样工作功能的工序同时在系统内工作,如图7-25所示。

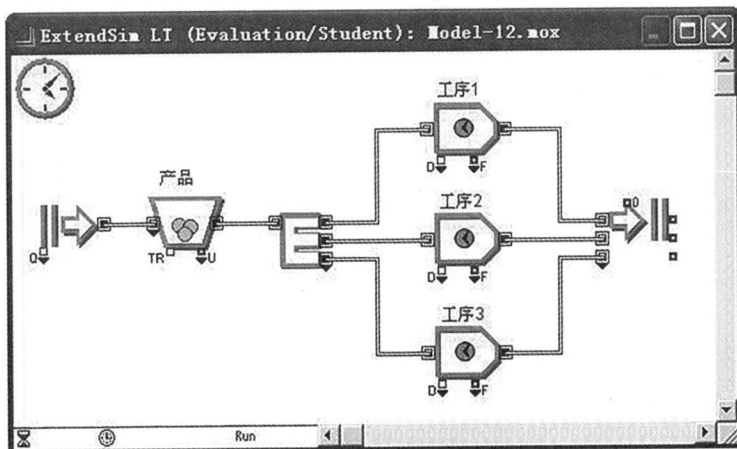

图 7-25　并联工序仿真模型

(3)混合工序

在流水线中既存在串联工序又存在并联工序的时候,我们称这样的流水线为混合型流水线。混合型流水线的在仿真系统中通常如图 7-26 所示。

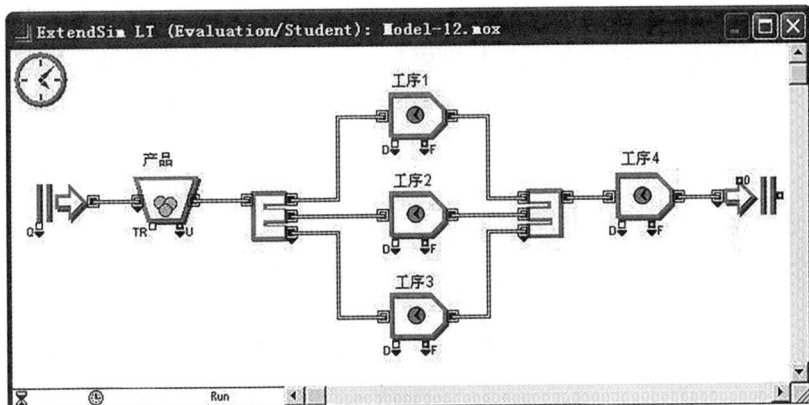

图 7-26　混合工序仿真模型

2.企业流水线仿真模块创建过程

本书根据我国企业的特点,在创建企业流水线仿真模型的过程中需要使用的模块及逻辑关系如表 7-6 所示。

表 7-6 生产流水线仿真模块列表

模块名称	数量/个	前端模块	后端模块
Executive	1	—	—
Catch	1	—	Information
Information	1	Catch	Set
Set	1	Information	Unbatch
Unbatch	1	Set	Queue
Queue	4	Unbatch、Batch、Activity	Activity
Activity	4	Queue	Batch、Queue、Select
Batch	1	Activity	Queue
Select	1	Queue	Throw、Exit
Exit	1	Select	—
Throw	1	Select	—

（1）Catch 模块和 Throw 模块

由于本书将企业流水线系统作为生产系统的子系统，建立在一个独立的仿真系统内。因此，企业流水线仿真模型的模块与生产系统的模块间的连接不在一个仿真层面上，因而在建立它们之间的逻辑链接关系时需要通过 Catch 模块和 Throw 模块完成。

（2）Information 模块

企业流水线仿真系统中的 Information 模块的作用是将生产系统的数据接收并作为一种可读形式在系统内备用。

（3）Set 模块

Set 模块将 Information 模块中的生产任务进行配置，让生产任务以一定的条件依次进入生产工序。

（4）Unbatch 模块

Unbatch 模块可以根据产品属性将一种产品拆分，让其零部件经过不同的工序。

（5）Batch 模块

Batch 模块的作用是将经过拆分的产品零部件重新组合，再进行下一道工序处理。

（6）Select 模块

企业流水线仿真模型中的 Select 模块是将流水线中的合格品与不合格品加以区别处理。合格品经过 Select 模块后里离开流水线，而不合格品经过 Select 模块则做返工处理。

这样,我们就建立起了企业流水线工艺流程仿真模型,如图 7-27 所示。

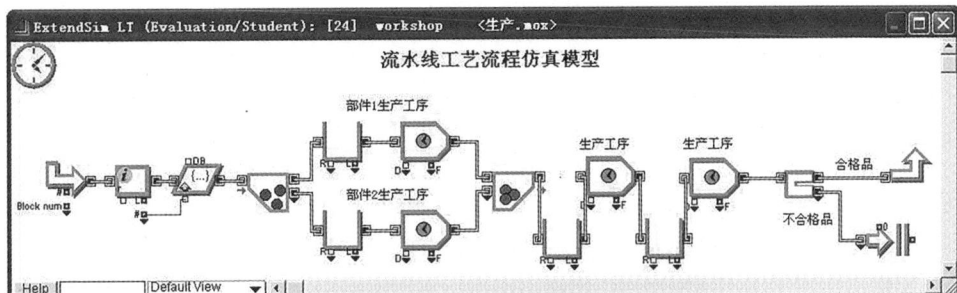

图 7-27　流水线仿真模型

综上所述,本书建立了我国企业的采购、库存、销售和生产四大系统的仿真模型。由于我国企业类型复杂多样,产品、工艺各不相同。因此,本书在设计和建立仿真模型时采取基于具有通用性的企业组织流程和产品、工艺特点建模,具有行业或企业特色的企业如果在建模过程中发现本书建立的模型不适用,可以根据其特定需求修改模型。当然,对于本书所建模型的正确性,需要借助目标企业实证检验才能得出结论。

第四节　企业组织流程性能仿真评估模型构建

前文已经对我国企业组织流程性能的评估关键指标以及 DEA 评估方法原理进行了介绍。接下来,本书将继续利用 Extendsim 系统仿真软件构建我国企业组织流程性能的仿真评估模型。

一、确定 DMU 系统及指标体系

在之前本书建立的企业组织流程性能仿真评估平台中,包含了采购、销售、库存、生产、质检和整个组织流程系统六个性能仿真评估单元,本书将依据这六个单元构建 DMU 系统,即我国企业组织流程性能评估的 DMU 系统如表 7-13 所示。

表 7-13　DMU 系统

DMUi	DMU 系统
DMU1	采购管理系统
DMU2	销售管理系统
DMU3	库存管理系统

表 7-13(续)

DMUi	DMU 系统
DMU4	生产管理系统
DMU5	质量管理系统
DMU6	企业组织系统

我国企业组织有效性评估的关键指标分别是:流程平均周期时间、有效工作时间、非工作时间、流程成本、系统生产量(流程产出量)和资源占用率等。因此,可以确定企业组织流程性能仿真评估的输入和输出指标体系如表 7-14 所示。

表 7-14 输入、输出指标体系

输入、输出	指标
输入 1	资金投入量
输入 2	人员投入量
输入 3	资源投入量
输出 1	流程平均周期时间
输出 2	流程有效工作时间
输出 3	流程非工作时间
输出 4	流程总成本
输出 5	流程变动成本
输出 6	流程长期变动成本
输出 7	流程固定成本
输出 8	系统产出量(流程产出量)
输出 9	产品合格率
输出 10	产品返工率
输出 11	产品退货率
输出 12	资源占用率

由于系统输入的资源情况在仿真模型构建时就已经确定,在仿真模型中不需要设置专门的数据采集模块就可以读取使用。因此,本书还需要建立输出指标的仿真数据采集模块。

二、输出指标采集模块设置

(1)流程平均周期时间采集模块

设系统内有 n 个作业,第 i 个作业的周期时间为 t_i,若流程中所有的作业之间的逻辑关系是串联关系,则该系统的流程评价周期时间 T 的计算方法如公式(7.1)所示。

$$T = t_1 + t_2 + \cdots + t_n \tag{7.1}$$

往往系统内会存在逻辑关系为并联的作业,若 t_i 和 t_j 为一对并联作业,则该系统的流程评价周期时间 T 的计算方法如公式(7.8)所示。

$$T = t_1 + t_2 + \max(t_i, t_j) \cdots + t_n \tag{7.2}$$

在企业组织流程性能评估平台中,提供了具有数学运算功能的模块,本书使用 Math 模块执行公式(7.1)和(7.2)的数学运算。Math 模块会将运算的结果直接反映在系统仿真界面上供用户读取和使用。同时,仿真系统会将作业周期时间 t_i 写入名为 time.mdb 文件以备系统分析使用,系统的统计分析模块的程序如下:

```
用 adodb 连接
Dim rs As New ADODB.Recordset
Dim Conn As ADODB.Connection
Dim ConnectionString As String
Dim sql As String
Dim s, m As Integer
Set coon = CreateObject("ADODB.Connection")
Connstr = "Provider=Microsoft.Jet.OLEDB.4.0;
Data Source="&App.Path& "\time.mdb;"
coon.Open Connstr
SQL = "select sum(ti) as zonghe from sellbook where 条件"
Set rs = coon.Execute(SQL)
text1 = zonghe
```

(2)有效工作时间采集模块

设系统内有 n 个作业,第 i 个作业的有效工作时间为 et_i,则该系统的流程评价周期时间 ET 的计算方法如公式(7.3)所示。

$$ET = et_1 + et_2 + \cdots + et_n \tag{7.3}$$

在企业组织流程性能评估平台中,提供了有效工作时间信息的数据输出端口,本书使用 Mean&Variance 模块将采集到的信息记录下来,将有效工作时间 et_i 写入名为 etime.mdb 文件以备系统分析使用,系统的统计分析模块的系统程序与平均周期时间采集模块相似,只是将数据库文件名称改为 etime.mdb 即可。

(3)非工作时间采集模块

设系统内有 n 个作业,第 i 个作业的非工作时间为 nt_i,则该系统的流程评价周期时间 NT 的计算方法如公式(7.4)所示。

$$NT = nt_1 + nt_2 + \cdots + nt_n \tag{7.4}$$

在企业组织流程性能评估平台中,提供了非工作时间信息的数据输出端口,同样使用 Mean&Variance 模块将采集到的信息记录下来,将非工作时间 nt_i 写入名为 ntime.mdb 文件以备系统分析使用。系统的统计分析模块的系统程序与平均周期时间采集模块相似,只是将数据库文件名称改为 ntime.mdb 即可。。

(4)流程总成本采集模块

设系统内有 n 个作业,第 i 个作业的成本为 c_i,则该系统的流程总的变动成本 C 的计算方法如公式(6.45)所示。

(5)流程变动成本采集模块

设系统内有 n 个作业,第 i 个作业的变动成本为 ac_i,则该系统的流程成本 A 的计算方法如公式(6.43)所示。

(6)流程产期变动成本采集模块

设系统内有 n 个作业,第 i 个作业的变动成本为 bc_i,则该系统的流程成本 B 的计算方法如公式(6.44)所示。

(7)流程固定成本采集模块

设系统内有 n 个作业,第 i 个作业的变动成本为 c_i,则计算该系统的流程成本 C,只要将多个变动成本累加就可以了。

(8)系统生产量(流程产出量)采集模块

设系统内有 n 作业,该系统最后一项作业为 w_n,那么在作业 w_n 的输出端口添加一个 Information 模块和一个 Mean&Variance 模块便可以收集到系统生产量(流程产出量)信息。

(9)产品合格率

产品合格率所需数据来源于库存管理模块,在库存管理模块中有两个字段分别为 ccp_h(产成品经检验合格后入库数量)和 ccp_t(订单中产品总数),这两个字段存储于数据库 ccp_kc.mdb 中。于是仿真系统采集产品合格率的模块程序可以设计为

```
Dim rs As New ADODB.Recordset
Dim Conn As ADODB.Connection
Dim ConnectionString As String
Dim sql As String
Dim s, m As Integer
Set coon = CreateObject("ADODB.Connection")
```

```
Connstr = "Provider = Microsoft.Jet.OLEDB.4.0;
Data Source = "&App.Path& " \ccp_kc.mdb;"
coon.Open Connstr
rs.open "select * from table_kc where id=kc",conn,1,1
ccp_hr = rs("ccp_h") /rs("ccp_t")
text1 = ccp_hr
```

（10）产品返工率

产品返工率所需数据来源于质量管理模块,在质量管理模块中有两个字段分别为 zj_back（返工产品数量）和 jz_t（检验产品总数）,这两个字段存储于数据库 zj_cp.mdb 文件中。于是仿真系统采集产品退货率的模块程序可以设计为

```
Dim rs As New ADODB.Recordset
Dim Conn As ADODB.Connection
Dim ConnectionString As String
Dim sql As String
Dim s, m As Integer
Set coon = CreateObject("ADODB.Connection")
Connstr = "Provider = Microsoft.Jet.OLEDB.4.0;
Data Source = "&App.Path& " \zj_cp.mdb;"
coon.Open Connstr
rs.open "select * from table_zj where id=zj",conn,1,1
ccp_hr = rs("zj_back ") /rs("jz_t ")
text1 = ccp_hr
```

（11）产品退货率

产品合格率所需数据来源于销售管理模块,在销售管理模块中有两个字段分别为 cp_back（退货产品数量）和 cp_t（已售出产品总数）,这两个字段存储于数据库 xs_cp.mdb 文件中。于是仿真系统采集产品退货率的模块程序可以设计为

```
Dim rs As New ADODB.Recordset
Dim Conn As ADODB.Connection
Dim ConnectionString As String
Dim sql As String
Dim s, m As Integer
Set coon = CreateObject("ADODB.Connection")
Connstr = "Provider = Microsoft.Jet.OLEDB.4.0;
Data Source = "&App.Path& " \xs_cp.mdb;"
```

```
coon.Open Connstr
rs.open "select * from table_xs where id=xs",conn,1,1
ccp_hr = rs("cp_back ") /rs("cp_t ")
text1=zj_backr
```

(12)资源占用率采集模块

为了计算方便,本书采取以使用数量定义的资源利用率计算方法,即系统的资源利用率是系统内资源使用数量与资源总数量的比值。收集系统的利用率信息就要了解这个系统拥有多少资源以及资源的使用情况。为了统一系统内资源的计量单位,本文以资源消耗的货币价值计算资源的使用与利用情况。在仿真模型内添加 Resource 模块用于记录系统内资源的分配与使用信息,添加一个 Mean&Variance 模块用于统计这些信息,再添加一个 Math 模块将资源利用率结果计算出来并在其输出端口输出。

三、利用功效函数转换模块设置

在数据库中建立一个数据库表格命名为 result_12. mdb,并在该表格中建立 12 个字段用于存储以上 12 个输出指标的运算结果。要想实现这一功能,本书需要建立数据库中表间关系,关系图如图 7-28 所示。

这样,仿真系统每次运行得到的指标结果就会记录在 result_12. mdb 文件中。为了保证各指标结果之间的统一性和可比性,各指标结果应该进行归一化处理,处理方法如下:

另外,利用功效函数的转换公式为

$$d_i = \frac{x_i - x_i^{(s)}}{x_i^{(h)} - x_i^{(s)}} \times 40 + 60 \tag{7.5}$$

其中,x_i 为第 i 个指标的实际值,$x_i^{(s)}$ 为第 i 个指标的不允许值,它表明指标的变动不宜劣于此值;$x_i^{(h)}$ 是第 i 个指标的满意值,它表明经过努力第 i 个指标应获得非常满意的结果。一般情况下,应有 $x_i^{(h)}$ 大于 $x_i^{(s)}$。在公式中设置两个常数的目的是为了将功效系数转换为百分制,理论上可以取和为 100 的任意两个数,本书在这里取 40 和 60。

四、实证研究

一般情况下,对于简单的模型,验证其正确性是很容易的。但是当开发一个实际规模较大的模型时,校验工作将是一个非常复杂的过程。并且对于庞大的模型来说,是绝对无法 100%保证模型的正确性的。常用的验证方法包括三个步骤:

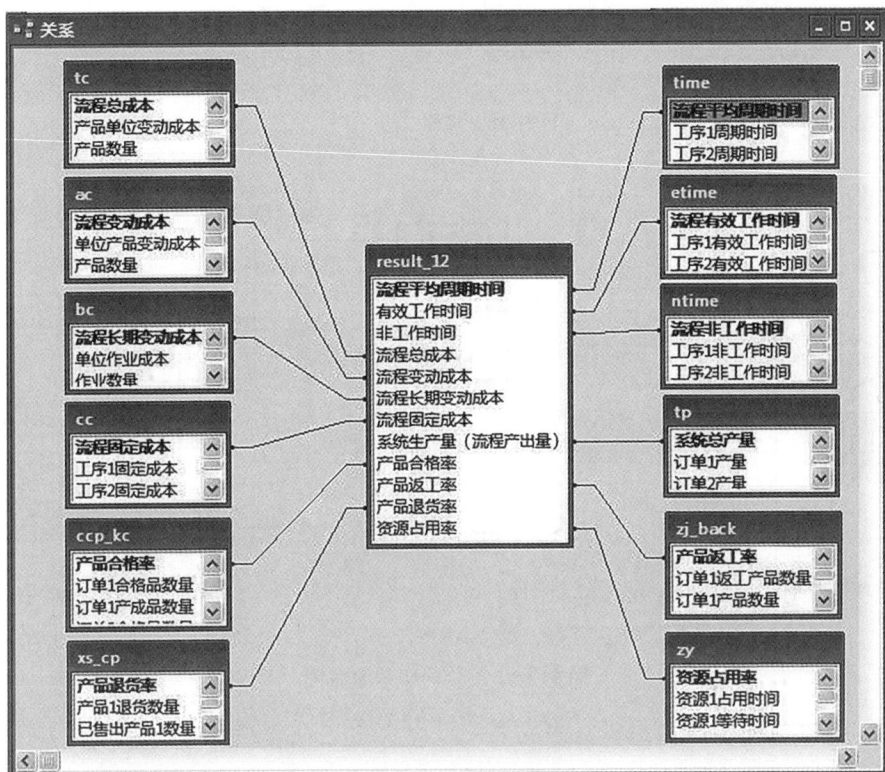

图 7-28 数据库表间关系图

首先,从建模开始时,每建立模型的某个部分,就立刻检验该部分的运行是否正常,以减少以后模型变得过大时检验的复杂性。

其次,用常量替换随机性的模型数据,然后运行模型考查其运行结果是否符合预期。

最后,生成极多或极少的实体进入系统,然后跟踪它们,以确定模型的逻辑和数据是否正确。

为了验证企业组织流程仿真模型的正确性,本书采用实证研究方法,选取一个目标企业,将本书创建的仿真模型应用于该企业,收集企业的运行数据,通过检验仿真系统的运行结果与企业实际运行的结果是否相符,判断本书建立的仿真模型的正确性。

1. A 公司组织流程描述

本书选取锦州市电力线路器材厂(简称 A 公司)作为仿真建模研究对象,对本书提出的仿真模型进行验证。A 公司注册资本为 2 361.3 万元,现有固定资产 3 000 万元,员工 218 人。根据我国中小企业的判定标准,A 公司属于典型企业。A 公司经过十几年的发展历程,目前设有销售、采购、库存、生产、技术、质量六大部门。根据企业调查收集的信息,A 公司目前的组织流程如图 7-29 所示。

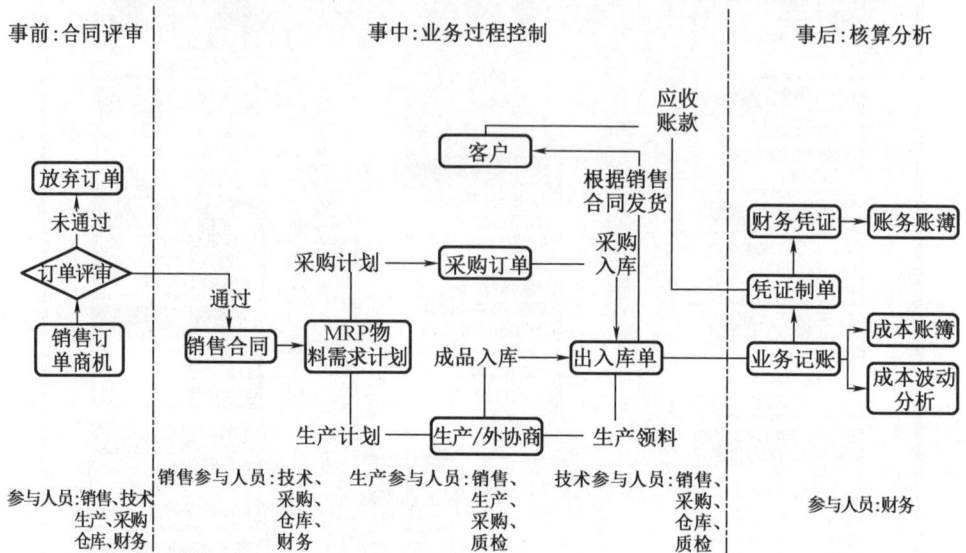

图 7-29　A 公司组织流程图

2. A 公司组织流程参数设置

(1)仿真时间设置

A 公司每天的工作时间是 8 小时,除了生产部门每周工作 7 天外,其余部门每周工作 5 天。为了保证系统仿真时间的无量纲性,本书将 A 公司的仿真时间运行单位设置为"小时",每月工作 30 天,每天工作 8 小时。

(2)系统类型设置

根据 A 公司的产品类型以及生产方式,将 A 公司的企业生产类型设置为"多品种小批量生产"。将生产任务生成类型设置为"由数据库生成"。

(3)资源类型设置

根据 A 公司资源特点,在 A 公司的资源类型中添加"人员""设备""工具"等资源分类。

(4)规则类型设置

根据 A 公司的生产经验,在 A 公司的规则库中添加"先到先生产"、按"优先级生产"两种规则类型。

(5)系统参数设置

根据 A 公司组织流程的描述结果,在系统模块中添加"接受订单""订单审批""制作合同/下达生产任务""编制物料需求计划"等 12 个服务台,并根据每个服务台的实际情况选择各自所需的资源名称。

到此,本书就完成了 A 公司组织流程仿真模型中所有参数的设置过程,为下一步的建模工作做好了准备。

3. A 公司组织流程仿真模块建立与整合

(1) A 公司组织流程仿真模块创建

根据对 A 公司现有组织流程的描述,结合 A 公司对仿真系统的需求,本书设计的 A 公司组织流程仿真模型将需要以下模块,如表 7-15 所示。

表 7-15　A 公司组织流程仿真系统模块

作业名称	模块名称	数量	前端模块	后端模块
仿真时间	Executive	1	—	—
接受订单	Create	1	—	Queue
订单评审	Activity	1	Queue	Select out
路由	Select out	1	Activity	Exit、Queue
完成	Exit	1	Select	—
统计	Queue	1	Select	Activity
制作合同/下达生产任务	Activity	1	Select	Select
路由	Select in	1	Activity	Select out、、Activity
生产制造	Activity	1	Select in	Select out
路由	Select out	—	Activity	Select in、Activity
路由	Select in	—	Select out、Select out	Activity
编制采购计划	Activity	1	Select in	Activity
采购交付	Activity	1	Activity	Select out
路由	Select out	1	Activity	Select in
入库程序	Activity	1	Select in	Activity
库存核算	Activity	1	Activity	Activity
出库程序	Activity	1	Activity	Select out
路由	Select out	1	Activity	Exit
生产单位领料	Exit	1	Select out	—
成品出厂	Exit	1	Select out	—

(2) A 公司组织流程仿真模型的建立与整合

根据对 A 公司组织流程的描述和表中各模块的逻辑关系,本书建立了 A 公司组织流程仿真模型,如图 7-30 所示。

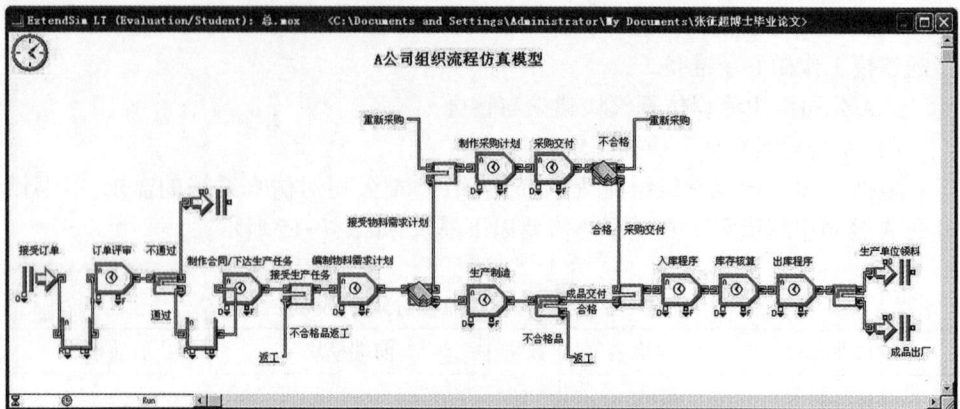

图 7-30　A 公司组织流程仿真模型

根据前文建立的 A 公司组织流程仿真模型,本书将利用该模型对 A 公司的组织流程性能进行评估。

4. A 公司组织流程性能数据系统参数采集

(1)各模块时间参数采集方法

①接受客户订单:系统随机生成订单,订单生成时间参数来自仿真平台订单确认按钮的作用时间,订单结束时间来自仿真平台中该笔订单中最后一件产品经检验合格入库的时间。

②订单评审作业:在仿真平台中,经过评审的订单将传送至企业其他模块。因此,订单评审作业的开始时间取自仿真平台订单录入后保存的时间,结束时间取自将该笔订单传送至其他模块的时间。

③接受生产任务作业:在 A 公司生产部门,接受生产任务的信息渠道有两条,一条是来自销售部门的生产任务单;另一条是来自生产部门不合格品的返工任务。因此,A 公司接受生产任务的时间取自仿真平台向本部门传送订单信息的时间。

④编制物料需求计划:A 公司规定,凡是到达生产部门的生产任务,生产部门必须在当日编制完成物料需求计划,并将物料需求计划传达给采购部门编制采购计划。即编制物料需求计划的开始时间取自生产部门接受生产任务的时间,编制物料需求计划的结束时间取自将编制好的物料需求计划传送给采购部门的时间。

⑤采购过程:A 公司采购部门接受采购需求信息来自两个方面,一是由生产部门传达的物料需求计划;二是来自采购交付过程中产生的采购退货信息,采购部门需要根据不合格品信息重新进行采购。因此,A 公司采购部门编制采购计划的开始时间取自接受物料需求计划的时间和接受不合格采购物资信息的时间,结束时间为采购物资经质检合格后入库时间。

⑥生产制造过程:A 公司生产制造作业随着销售部门下达生产任务启动,根据其生产设备数量及人员配置,生产制造的开始时间取自仿真平台中对于该生产任

务"执行"功能的启动时间,结束时间为该生产任务中最后一件产品经质检合格后进入产成品库的时间。

⑦入库过程:A公司入库物资包括来自采购到厂的合格物资和生产制造系统产生的合格成品。由于A公司规定,到厂的采购物资和车间的产成品必须在当日进入仓库。因此,入库程序的开始时间取自采购物资到达企业时间和生产任务中的任何一批次产品加工完成的时间,结束时间取自仿真平台库存模块中入库单"确认"按钮的启动时间。

⑧出库过程:A公司出库程序主要包括生产制造环节领用物资出库和销售发货环节的成品出库。由于A公司生产活动是连续进行的,因此,出库过程的开始时间取自出库单据的制作时间,出库过程的结束时间取自车间原材料信息的变更时间以及产成品出厂时间。

(2)各模块人员配置参数采集方法

在本书建立的仿真模型中,模型本身提供了人员配置参数的输入字段。因此,A公司的人员配置参数,可以通过这些字段得知,如图7-31所示。

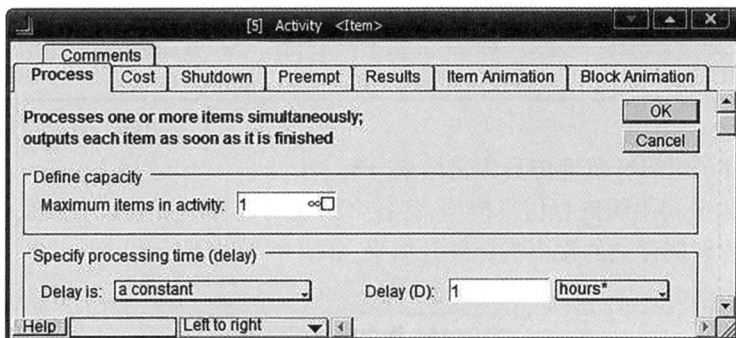

图7-31　人员配置参数窗口

(3)各模块资源投入量参数采集方法

在本书建立的仿真模型中,模型本身提供了资源投入量数据的输入字段。因此,A公司的资源投入量参数,可以通过这些字段得知,如图7-32所示。

(4)输入参数采集结果

假设A公司的整体运营费用由采购、销售、生产、库存和质检五个部门承担,部门内部的人员工资可以跟据各部门的人数以及每个人的工资标准计算得出;每个部门使用的资产可以根据A公司的固定资产卡片统计得出;每个部门日常使用的办公用品可以根据各个部门日常领用的办公用品记录统计获得;其他费用的支出情况都可以以部门为单位进行分摊,这样就可以获得A公司每个部门的资金投入量。将A公司各个部门的资金投入量统计完成,结果如表7-15所示。

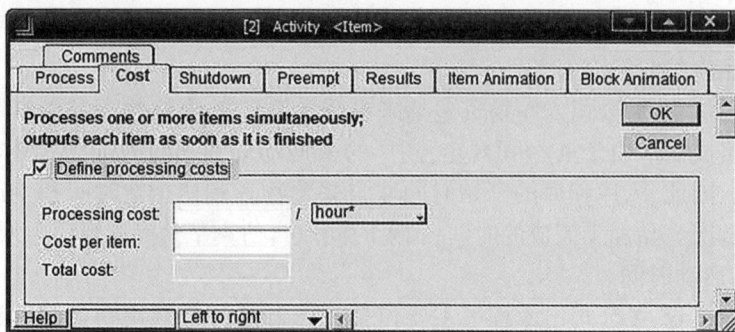

图 7-32　资源投入参数窗口

表 7-15　输入指标数据统计表

DMUi	资金投入/万元	人员投入/人	资源投入/万元
DMU1	0.92	4	11.62
DMU2	1.22	5	8.65
DMU3	0.89	4	21.28
DMU4	21.88	116	1 038.54
DMUt	21.91	129	1 080.09

5. A 公司组织有效性仿真评估结果分析

运行 A 公司组织流程仿真模型,将各个模块的运行结果收集、整理,得到 A 公司组织流程性能评估的输出指标统计结果,如表 7-16 所示。

表 7-16　输出指标统计表

	DMU1	DMU2	DMU3	DMU4	DMU5	DMUt
流程平均周期时间/小时	17	9.5	6	34	12.5	42
流程有效工作时间/小时	13.2	6.5	4.8	25	8.2	32
流程非工作时间/小时	4.8	3	1.2	9	4.3	10
流程总成本/万元	0.92	1.22	0.89	21.88	0.83	25.74
流程变动成本/万元	0.18	0.13	0.27	10.67	0.26	11.51
流程长期变动成本/万元	0.23	0.24	0.31	9.42	0.31	10.51
流程固定成本/万元	0.51	0.85	0.31	1.79	0.26	3.72
系统产出量/个	76	174	146	146	421	146
产品合格率/%	99.1	100	99.7	93.2	100	99.4

表 7-16（续）

	DMU1	DMU2	DMU3	DMU4	DMU5	DMU*t*
产品返工率/%	—	—	—	4.7	—	4.7
产品退货率/%	1.5	—	—	—	—	1.5
资源占用率/%	85	87	76	91	87	84.75

运行 A 公司组织流程性能评估模块,将各个系统与整体系统的组织流程性能评估运算结果收集、整理,得到 A 公司组织流程性能评估的综合功效系数,如表 7-17 所示。

表 7-17　组织流程性能评估的综合功效系数统计表

	DMU1	DMU2	DMU3	DMU4	DMU5	DMU*t*
组织流程功效系数	72.07	69.53	73.49	62.03	75.60	68.26

由表 7-17 中数据可知,A 公司的组织流程性能的功效系数评估值为 68.26,在 A 公司的五个子系统中,生产系统的组织流程性能最低,为 62.03,这说明生产系统的流程性能很大程度上制约了 A 公司整体组织流程性能水平的发挥,A 公司应该从首先从生产环节入手,优化其流程的性能以提高 A 公司的整体组织流程性能。

第五节　企业组织流程性能评估改进模型

从上一节的研究内容可以看出,可以用于反映企业组织流程性能的输出指标有很多,它们大都从不同角度反映了企业组织流程获取利润、实现组织目标的程度。但是,为了评估企业的组织流程性能,采纳所有和组织流程性能相关的指标无法解决各指标之间的相关性问题。同时,一定程度上增加了数据调查、整理以及评估过程的复杂性。那么,在众多的指标中是否存在几个最具说服力的指标,通过这几个关键指标就能够简单判断企业的组织流程性能的高低呢? 本书的观点认为,答案是肯定的。因此,如何确定这些关键指标是接下来需要解决的问题。本书拟通过多重回归分析方法对评估模型进行调整。

一、企业组织流程性能评估模型的多重共线性检验

根据上一节建立的企业组织流程性能评估模型,代表企业组织流程性能的功效系数可以转化为一个多元的线性回归模型,如公式(7.6)所示。

$$Y_t = \beta_1 + \beta_2 X_{2t} + \beta_3 X_{3t} + \cdots + \beta_{11} X_{11t} + \beta_{12} X_{12t} \tag{7.6}$$

其中,Y_t 代表功效系数的评估值,β_1 代表回归方程中的常数项,$\beta_2 \sim \beta_{12}$ 代表各个变量的偏回归系数,X 代表各个自变量,即各个输出指标。

为了验证功效系数公式的自变量中是否存在多重共线性,本书随机抽取当月10 份销售订单,通过仿真平台调取这 10 份销售订单在企业内部不同的输出指标以及功效系数的取值,将结果归纳后,利用统计分析软件 Eviews 建立工作文件并录入数据,得到图 7-33。

	y	x1	x2	x3	x4	x5	x6	x7	x8	x9	x10	x11	x12
1	68.26	42.00	32.00	10.00	22.51	19.28	2.51	.72	146.00	99.40	9.80	.00	74.75
2	65.24	43.50	32.00	11.50	21.68	18.33	2.63	.72	130.00	92.50	8.70	.00	68.45
3	70.55	38.97	31.00	9.50	23.47	20.18	2.57	.72	155.00	97.00	6.40	.00	70.54
4	62.58	48.50	35.00	13.50	18.52	14.60	3.20	.72	115.00	96.20	2.30	.00	75.73
5	71.59	38.65	33.00	10.50	23.69	19.83	3.14	.72	162.00	98.50	6.80	.00	79.62
6	69.73	43.00	32.00	11.00	27.62	24.29	2.61	.72	152.00	94.00	6.20	.00	62.43
7	72.50	41.50	33.50	8.00	25.27	21.97	2.58	.72	175.00	96.40	8.10	.00	70.26
8	68.94	44.00	32.00	12.00	23.02	19.70	2.60	.72	150.00	98.10	3.80	.00	62.73
9	71.08	39.00	30.50	9.00	23.70	20.37	2.61	.72	160.00	99.00	4.60	.00	66.37
10	68.24	42.00	31.00	11.00	22.63	19.39	2.52	.72	144.00	92.50	7.50	.00	72.39

图 7-33　数据文件

利用统计软件 Eviews 中的多重共线性检验模块,将因变量 Y 以及其他自变 X_1、X_2、$\cdots$、X_{12} 列入模型对话框,点击确定按钮,得到分析结果如图 7-34 所示。

Dependent Variable: Y
Method: Least Squares
Date: 08/19/11　Time: 09:05
Sample: 2001 2010
Included observations: 10

Variable	Coefficient	Std. Error	t-Statistic	Prob.
C	85.03825	22.90923	3.711964	0.0135
X1	1.729068	1.383679	1.249616	0.0235
X2	-2.045706	1.325926	-1.542851	0.3623
X3	-2.356932	1.359943	-1.733110	0.2614
X4	6.305559	7.456979	0.845592	0.0257
X5	-6.229311	7.406940	-0.841018	0.8451
X6	-8.459842	6.909726	-1.224338	0.0436
X8	3.568413	1.656840	1.365745	0.0154
X9	7.953421	3.135651	1.031172	0.5342
X10	-11.65843	10.35622	-1.752685	0.6891
X12	1.643562	1.465235	3.165456	0.0135

R-squared	0.997525	Mean dependent var	68.87100
Adjusted R-squared	0.992574	S.D. dependent var	3.028316
S.E. of regression	0.260967	Akaike info criterion	0.347181
Sum squared resid	0.204311	Schwarz criterion	0.558991
Log likelihood	5.264095	Hannan-Quinn criter.	0.114826
F-statistic	201.4867	Durbin-Watson stat	1.207387
Prob(F-statistic)	0.000537		

图 7-34　多重共线性检验结果

从图 7-34 中检验结果可知,拟合优度很高,整体效果的 F 检验通过。但自变量 X_7(流程固定成本)和 X_{11}(产品退货率)在本模型中与因变量(流程功效系数)之间不具有线性关系,已经被系统剔除。另外,在余下的输出变量中,X_3、X_4、X_5、X_9 和 X_{10} 的 t 值在 $\alpha = 0.05$ 的显著水平下分别为 0.362 3、0.261 4、0.845 1、0.534 2 和 0.689 1。这说明公式(7.6)的模型存在严重的多重共线性,需要进行进一步修正。

二、基于逐步回归法的评估模型修正过程

鉴于公式(7.6)的模型中存在多重共线性,本书将采用逐步回归法对其进行修正,修正步骤如下。

第一步:运用普通最小二乘法(ordinary least squares,OLS)方法分别使因变量 Y(流程功效系数)对各解释变量 X_1、X_2、$\cdots$、X_{12} 进行一元回归,再结合经济意义和统计检验选出拟合效果最好的一元线性回归模型。

```
Equation: UNTITLED   Workfile: UNTITLED::Untitled\
View Proc Object Print Name Freeze Estimate Forecast Stats Resids

Dependent Variable: Y
Method: Least Squares
Date: 08/19/11   Time: 11:29
Sample: 1 10
Included observations: 10
```

Variable	Coefficient	Std. Error	t-Statistic	Prob.
C	97.67704	1.198048	81.53017	0.0000
X1	-0.679388	0.028118	-24.16183	0.0000

R-squared	0.986482	Mean dependent var	68.87100
Adjusted R-squared	0.984792	S.D. dependent var	3.028316
S.E. of regression	0.373454	Akaike info criterion	1.044813
Sum squared resid	1.115744	Schwarz criterion	1.105330
Log likelihood	-3.224067	Hannan-Quinn criter.	0.978426
F-statistic	583.7938	Durbin-Watson stat	2.311423
Prob(F-statistic)	0.000000		

图 7-35　拟合度检验结果

从各项解释变量与因变量 Y(流程功效系数)的检验结果来看。X_9(产品合格率)和 X_{10}(产品返工率)t 检验结果均大于 0.05,说明这两项解释变量与因变量 Y 之间的线性关系不明显,在公式(7.6)的模型中可以不加考虑。其他通过 t 检验的解释变量的 R^2 值如表 7-18 所示。

表 7-18　拟合优度检验结果统计表

	X_1	X_2	X_3	X_4	X_5	X_6	X_8	X_{12}
R^2	0.986 482	0.984 576	0.929 045	0.867 310	0.843 737	0.860 044	0.976 934	0.802 122

从表中数据可知,在通过 t 检验的 8 个解释变量中,解释变量 X_1(流程平均周期)的 R^2 值最大,说明解释变量 X_1(流程平均周期)最能代表因变量 Y(流程功效系数)。根据可决策系数 R^2 最大原则,选取 X_1(流程平均周期)作为进入回归模型的第一个解释变量,形成一元回归模型,此时模型调整为

$$Y = 97.677\ 04 - 0.679\ 388X_1 \tag{7.7}$$

第二步:逐步回归。将剩余的解释变量分别加入模型,得到如图 7-36 的检验结果。

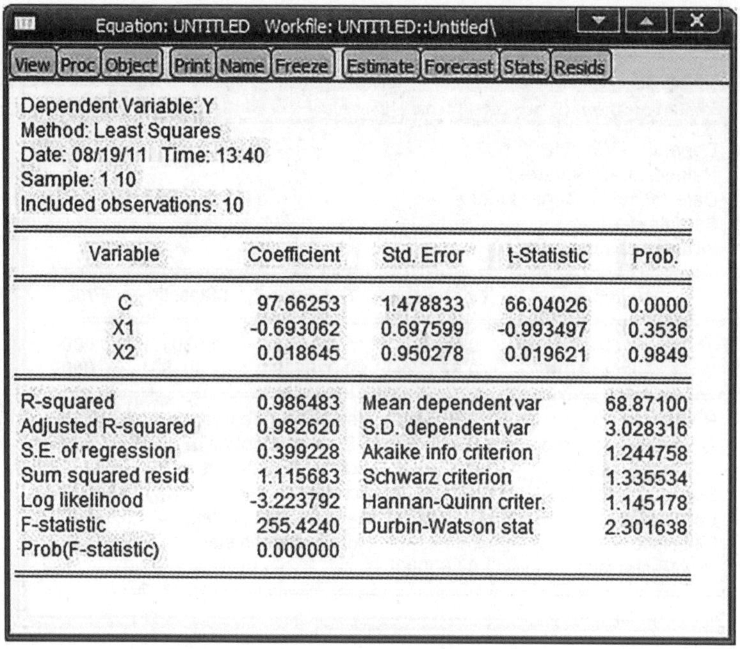

图 7-36　拟合度检验结果

从检验结果来看,将解释变量 X_2(流程有效工作时间)、X_3(流程非工作时间)和 X_6(流程长期变动成本)在加入公式(7.7)的模型时均通不过 t 检验,这说明在新的模型中可以不考虑这三个变量。其他通过 t 检验的解释变量的 R^2 值如表 7-19 所示。

表 7-19　拟合优度检验结果统计表

	X_4	X_5	X_8	X_{12}
R^2	0.987 663	0.987 356	0.993 140	0.994 016

从表中数据可知,在此轮通过 t 检验的 4 个解释变量中,解释变量 X_{12}(资源利用率)的 R^2 值最大,说明解释变量 X_{12}(资源利用率)最能代表因变量 Y(流程功效系数)。根据可决策系数 R^2 最大原则,选取 X_{12}(资源利用率)作为进入回归模型的第二个解释变量,此时模型调整为:

$$Y = 94.858\,48 - 0.693\,425X_1 + 0.048\,541X_{12} \tag{7.8}$$

第三步:在解释变量 X_1、X_{12} 的基础上,继续进行逐步回归,得到如图 7-37 检验结果。

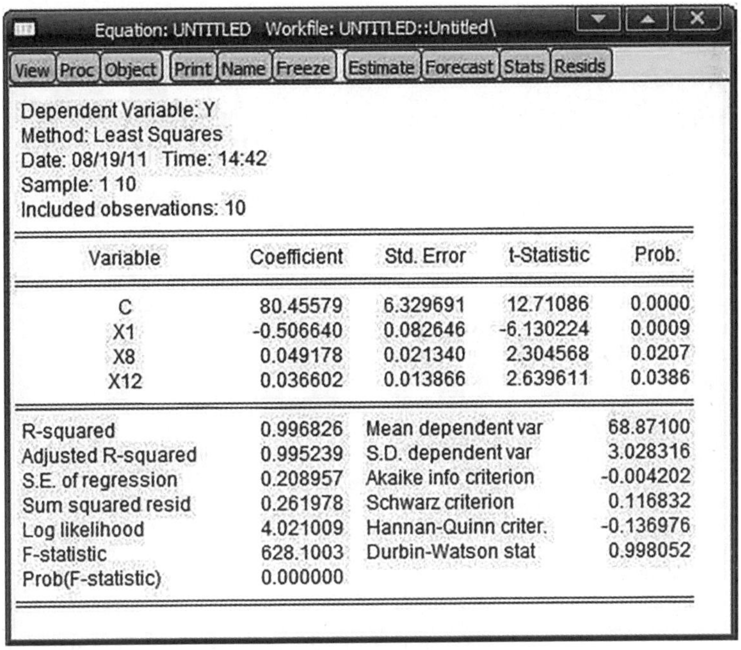

图 7-37　拟合度检验结果

从检验结果来看,将解释变量 X_5(流程变动成本)在加入公式 7.8 的模型时均通不过 t 检验,这说明在新的模型中可以不考虑这个变量。其他通过 t 检验的解释变量的 R^2 值如表 7-20 所示。

表 7-20　拟合优度检验结果统计表

	X_4	X_8
R^2	0. 994 269	0. 996 826

从表中数据可知,在此轮通过 t 检验的 2 个解释变量中,解释变量 X_8(系统产出量)的 R^2 值最大,说明解释变量 X_8(系统产出量)最能代表因变量 Y(系统产出量)。根据可决策系数 R^2 最大原则,选取 X_8(系统产出量)作为进入回归模型的第 3 个解释变量,此时模型的公式调整为

$$Y=80.45579-0.50664X_1+0.049178X_8+0.036602X_{12} \tag{7.9}$$

第四步:在保留解释变量 X_1、X_8 和 X_{12} 的基础上,继续进行逐步回归。此时,可供选择的解释变量只剩下 X_4(流程成本)。因此,只需将最后一个解释变量 X_4(流程成本)加入公式(7. 9)的模型中,检验其是否符合标准即可,得到的检验结果如图 7-38 所示。

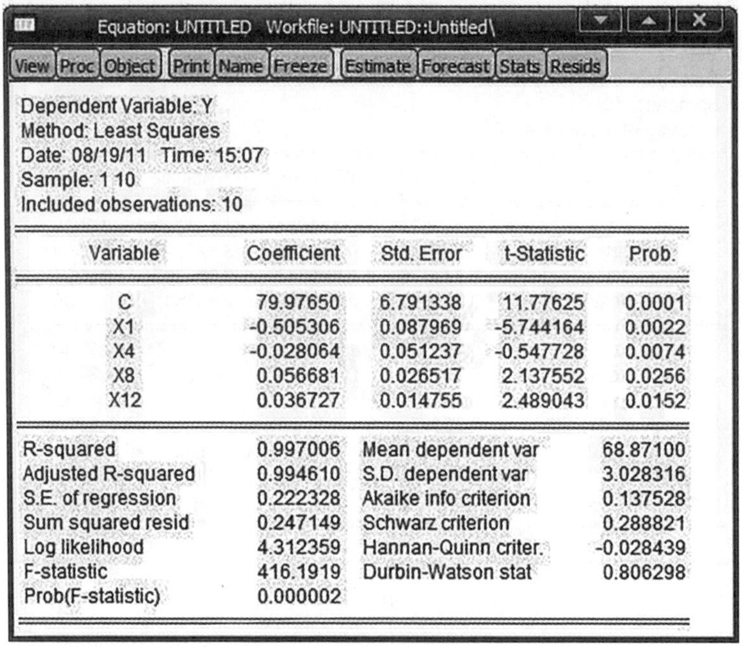
Equation: UNTITLED　Workfile: UNTITLED::Untitled\

View Proc Object Print Name Freeze Estimate Forecast Stats Resids

Dependent Variable: Y
Method: Least Squares
Date: 08/19/11　Time: 15:07
Sample: 1 10
Included observations: 10

Variable	Coefficient	Std. Error	t-Statistic	Prob.
C	79.97650	6.791338	11.77625	0.0001
X1	-0.505306	0.087969	-5.744164	0.0022
X4	-0.028064	0.051237	-0.547728	0.0074
X8	0.056681	0.026517	2.137552	0.0256
X12	0.036727	0.014755	2.489043	0.0152

R-squared	0.997006	Mean dependent var	68.87100
Adjusted R-squared	0.994610	S.D. dependent var	3.028316
S.E. of regression	0.222328	Akaike info criterion	0.137528
Sum squared resid	0.247149	Schwarz criterion	0.288821
Log likelihood	4.312359	Hannan-Quinn criter.	-0.028439
F-statistic	416.1919	Durbin-Watson stat	0.806298
Prob(F-statistic)	0.000002		

图 7-38　拟合度检验结果

从检验结果来看,将解释变量 X_4(流程成本)在加入模型(7. 9)时 t 检验结果均小于 0. 05,说明该解释变量对因变量的影响效果显著。同时,F 检验值为 416. 191 9,说明模型对样本的拟合很好且回归方程显著,因此模型最终可以确定为公式(7. 10)。

$$Y=79.976\ 5-0.505\ 306X_1-0.028\ 064X_4+0.056\ 681X_8+0.036\ 727X_{12}$$

$$\tag{7.10}$$

三、修正模型适用性的拟合验证

由于上一节在模型的不断修正过程中采用的是 A 企业的数据,为了检验该修正模型是否具有通用性或者只是适用于 A 企业,本书在这一节将应用此模型针对其他两个不同类型的企业开展组织流程性能评估工作,通过结果判断模型对不同类型中小企业的适用性。

1. 目标企业 1:锦州力德电气辽西开关有限责任公司

锦州力德电气辽西开关有限责任公司(简称 B 公司),B 公司注册资本为 505 万元,现有固定资产 1 020 万元,员工 57 人。根据我国中小企业的判定标准,B 公司属于典型的企业,主要产品为高、低压开关柜,企业类型为按订单(设计)生产类型。B 公司目前设有销售、采购、生产、技术、质量六大部门。根据企业调查收集的信息,B 公司目前的组织流程如图 7-39 所示。

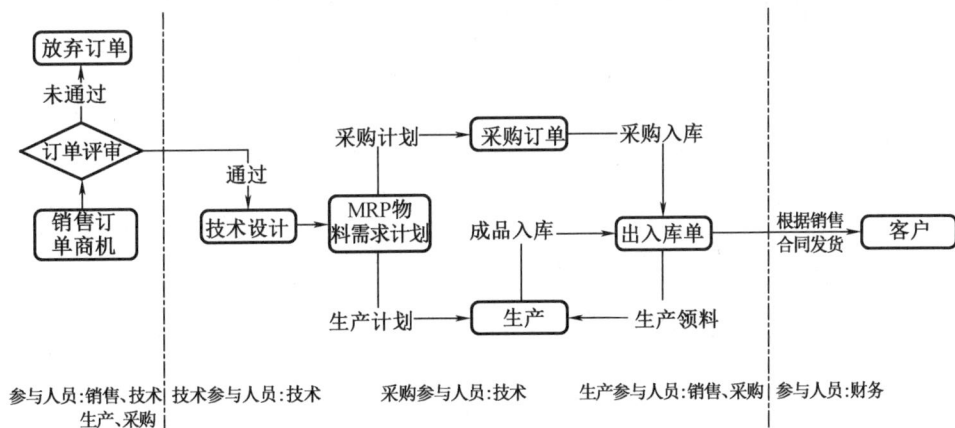

图 7-39　B 公司组织流程图

根据对 B 公司组织流程的描述和表中各模块的逻辑关系,本书建立了 B 公司组织流程仿真模型,如图 7-40 所示。

利用本书建立的企业组织流程性能仿真平台,随机选取 B 公司今年的 10 笔订单,调取这 10 笔订单制造过程的相关数据,再采用修正模型计算该企业组织流程性能的流程功效系数,将获得的两组数据进行拟合度检验,检验结果如图 7-41 所示。

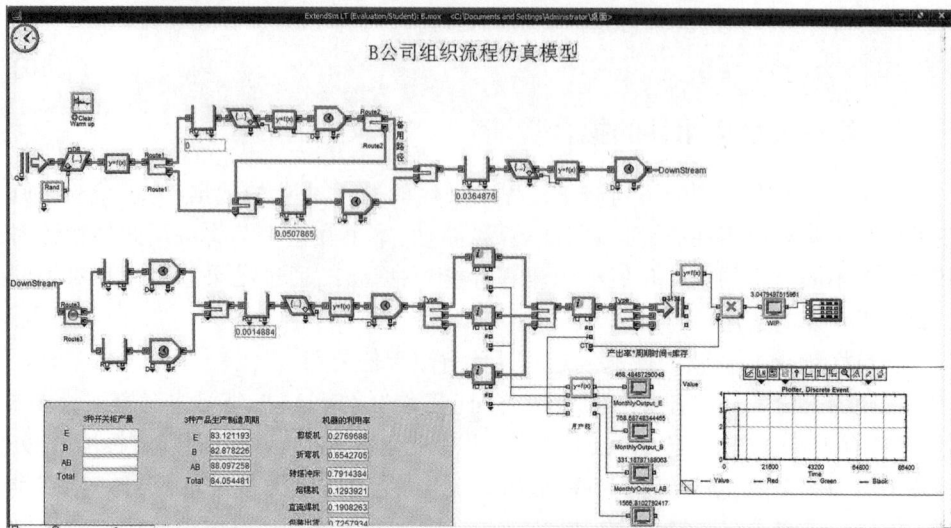

图 7-40　B 公司组织流程仿真模型

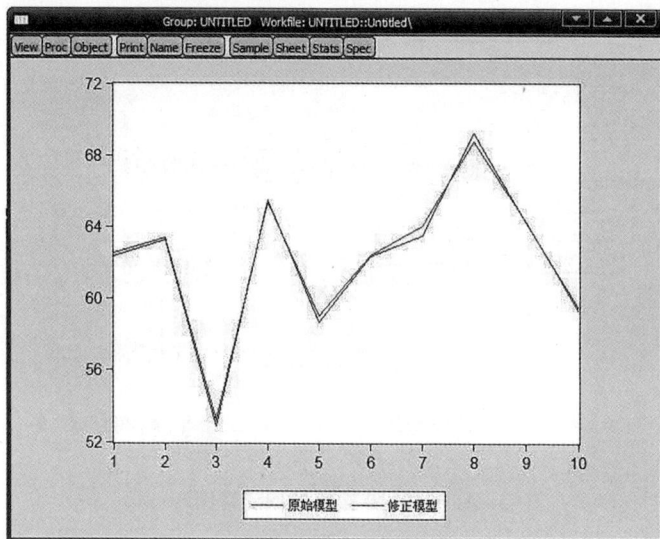

图 7-41　数据拟合结果

由原始模型与修正模型的数据拟合结果可知,修正模型与原始模型的拟合度很好,说明修正模型可以用来代替原始模型对企业的组织流程性能进行分析。

2. 目标企业 2:黑山福山木业有限公司

黑山福山木业有限公司(简称 C 公司)。C 公司注册资本为 792 万元,现有固定资产 4 000 万元,员工 582 人。根据我国中小企业的判定标准,C 公司属于典型的企业,主要产品为多层板,企业类型为连续生产类型。C 公司目前设有销售、采购、库存、生产技术、质量五大部门。根据企业调查收集的信息，C 公司目前的组织流程如图 7-42 所示。

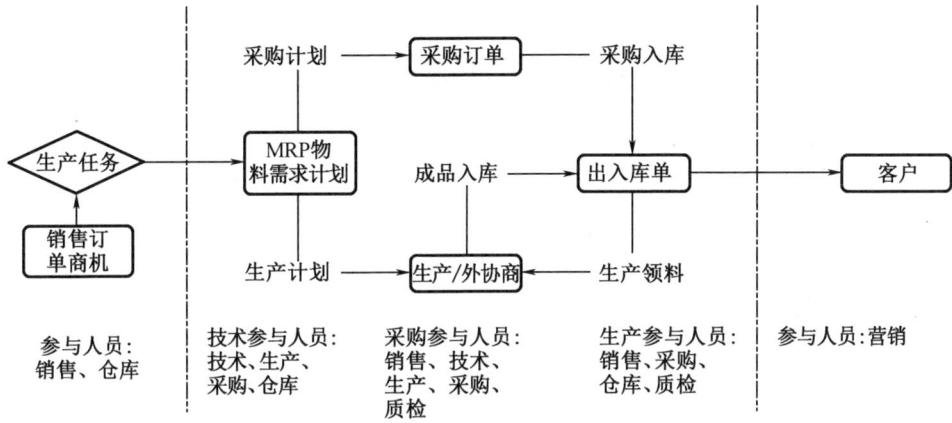

图 7-42　C 公司组织流程图

　　根据对 C 公司组织流程的描述和表中各模块的逻辑关系，本书建立了 C 公司组织流程仿真模型，如图 7-43 所示。

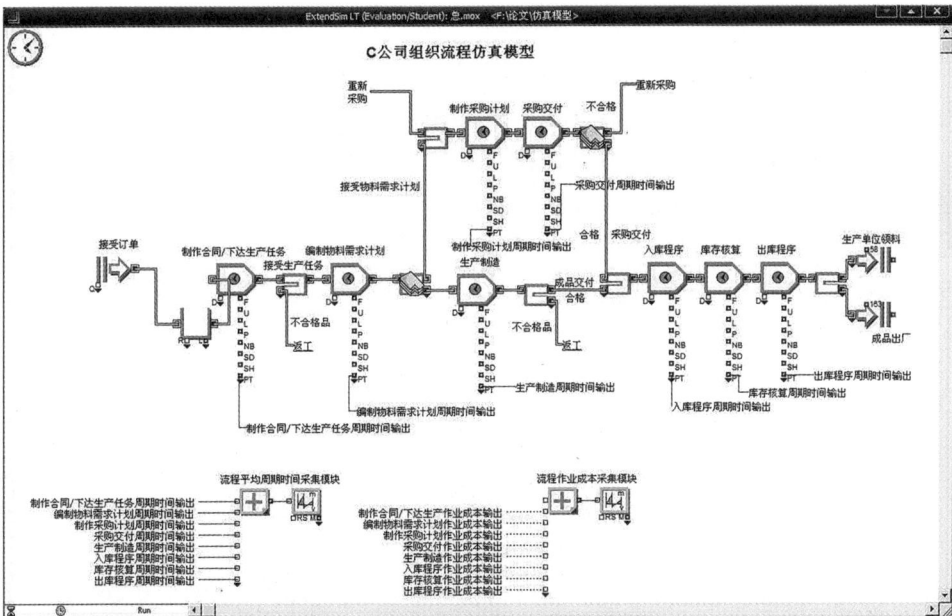

图 7-43　C 公司组织流程仿真模型

利用本书建立的企业组织流程性能仿真平台，随机选取 C 公司今年的 10 笔订单,调取这 10 笔订单制造过程的相关数据,再采用修正模型计算该企业组织流程性能的流程功效系数,将获得的两组数据进行拟合度检验,检验结果如图 7-44 所示。

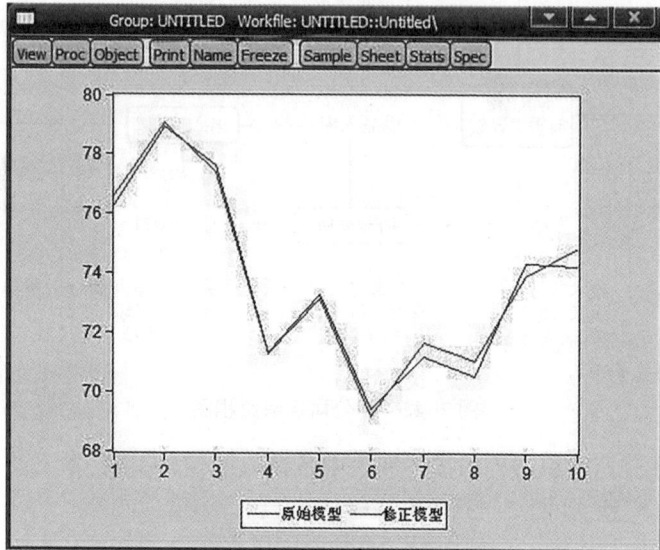

图 7-44 数据拟合结果

由原始模型与修正模型的数据拟合结果可知,修正模型与原始模型的拟合度很好,说明修正模型可以用来代替原始模型对企业的组织流程性能进行分析。

综上所述,利用仿真技术评估我国企业的组织流程性能是我国企业对于自身管理水平检验的有效途径。尽管目前仿真技术在我国企业的应用还处于起步阶段,但是随着仿真技术的逐渐普及,一定会有越来越多的企业采取仿真技术手段应用于企业管理实践。本书阐述的方法原理与过程提供的经验也必然会为我国企业的组织流程性能仿真评估提供有效的借鉴。

参 考 文 献

[1]   李建平.企业销售目标制定方法的改进:层次分析法和模糊综合评价法的结合[J].经济管理,2006(3):42-46.

[2]   吴澄.现代集成制造系统导论:概念、方法、技术和应用[M].北京:清华大学出版社.

[3]   周永华,陈禹六.经营过程重构的时间、质量和成本折衷模型[J].计算机集成制造系统-CIMS,2003(4):269-273.

[4] HUANG G Q, HUANG J, MAK K L. Agent-based workflow management in collaborative product development on the Internet[J]. Computer-Aided Design, 2000, 32(2):133-144.

[5] 刘建勋,胡涛,张申生.基于工作流与 XML 的敏捷供应链管理系统集成框架研究[J].计算机集成制造系统,2009(6):6-10.

[6] 戴高升,黎放.基于 ExtendSim 的 FTP 服务系统建模与仿真[J].信息技术, 2010(8):109-111.

[7] 金兰,常建娥.基于 ExtendSim 供应链牛鞭效应仿真分析[J].机械制造,2010 (12):72-74.

[8] 邵秀丽,李玉福.基于 Petri 网的集成系统工作流建模的研究[J].南开大学学报(自然科学版),2005,38(6):53-59.

[9] 刘璐,吴晓,张伟.基于 Witness 的多品种混合流水线仿真与优化[J].计算机应用, 2010(5):183-184,187.

[10] 孙建华,胡中艳,严金波,等.基于多品种混合流水线的平衡设计方法研究[J].机械设计与制造, 2007(7):4-6.

[11] 杨正东,甘德安.中国国有企业与民营企业的数量演进:基于种群生态学的仿真实验[J].经济评论,2011(4):96-103.

[12] 张跃龙,张友良.企业仿真分析系统的设计研究[J].计算机仿真,2003 (10):117-119,131.

[13] MILLER D, FRIESEN P H. Successful and unsuccessful phases of the corporate life cycle[J]. Organizational studies,1983,4(4):339-356.

[14] 刘昕,李清,陈禹六.基于平衡计分卡的经营过程评价方法[J].计算机集成制造系统,2003,9(8): 661-666.

[15] 李海,张德.组织文化与组织有效性研究综述[J].外国经济与管理,2005, (3):2-11,26.

[16] AALST W M P V D, HEE K M V. Business process redesign: A Petri-net-based approach[J]. Computers in Industry, 1996, 29(1-2):15-26

[17] WRIGHT S M. Petri net-based modeling of workflow systems: An overview[J]. European Journal of Operational Research, 2001, 134(3):664-676.

[18] ERIC S K Y, JOHN M. An actor dependency model of organization work-with application to business process reengineering[J]. Proceedings of the conference on Organizational computing systems, Milpitas, California, United States Pages, 1993: 258-268.

[19] 韦银星,张申生,周晓俊,等.企业应用集成技术研究[J].计算机集成制造系统,2002,8(8): 593-596.

[20] GROVER V. From business reengineering to business process change management: a longitudinal Study of trends and practices [J]. IEEE transaction on Engineering Management, 1999, 46(1): 36-46.

[21] 吴静,吴晓燕,高忠长. 复杂仿真系统建模与仿真可信性模糊综合评估[J]. 计算机集成制造系统, 2010,16(2):16-22.

[22] AALST W M P V D,HOFSTEDE A H M T. Verification of Workflow Task Structures: A Petri-net-based Approach[J]. Information Systems,2000,25(1): 43-69.

[23] AGUILAR-SAVEN R S. Business process modeling: Review and framework [J]. Production Economics, 2004, 9(2): 129-149.

[24] HAI Z,JIAN C,YULIN F. A federation-agent-workflow simulation framework for virtual organization development[J]. Information&Management,2002, 39(4): 325-336.

[25] NAVEEN E,DAVID C Y,RAJKUMAR T M. Enterprise Application Integration in the electronic commerce world[J]. Computer Standards&Interfaces,2003,25 (4): 69-82.

第八章　企业组织流程性能优化研究

　　企业的仿真优化即通过改变流程路径、资源配置方式等途径在最低限度流程成本的前提下获得组织流程性能最优化(Optimization)，即通过寻找最佳的系统配置参数值，以使得目标性能最优。在实际的操作中，企业搜寻最优解的过程需要承担大量的重复性工作以及时间、人力、物力的投入，并且一旦企业内、外部条件发生变化，这就意味着企业要重新考虑这些变化对于最终结果的影响。因此，企业如果不依靠现代化的计算工具和计算方法，想要获得组织流程性能的优化，至少从实施的可行性上具有相当大的难度。

　　为了解决企业的这一难题，本书拟采取两种方法优化企业组织流程性能。这两种方法分别是流程瓶颈优化法和基于仿真建模的优化器(Optimizer)方法。

第一节　企业组织流程性能的流程瓶颈
循环定位优化方法

　　在对我国企业组织流程仿真建模的实证研究中可以发现，在企业组织流程仿真模型的运行过程中，部分流程活动存在着任务积压现象，即活动始终处于忙时状态，即所谓流程瓶颈的存在。同时，也有部分流程活动存在较多的闲时状态。这种在流程活动中忙时与现实的分配不均衡现象，反映了企业组织系统内的资源分配不均衡，在一定程度上影响了企业组织流程性能的发挥。为了避免组织流程的不均衡现象，本书提出了流程瓶颈循环定位优化方法进行处理。

一、流程瓶颈循环定位优化法原理

　　在企业组织流程仿真模型中，我们把接受系统任务量大于完成能力的作业称为瓶颈作业。也就是说，当流程中的某项作业处理系统任务的效率低于接受系统任务的效率时，该作业就可以被定义为瓶颈作业或瓶颈工序。瓶颈作业在系统中的表现往往是始终处于忙时状态，由于该瓶颈作业的状态在一定程度上限制了其产出量，因而造成了系统整体产出量的下降。所以，企业追求组织流程性能的优化，就必须找出并避免这些瓶颈作业的存在，采用循环定位优化方法的具体过程如图 8-1 所示。

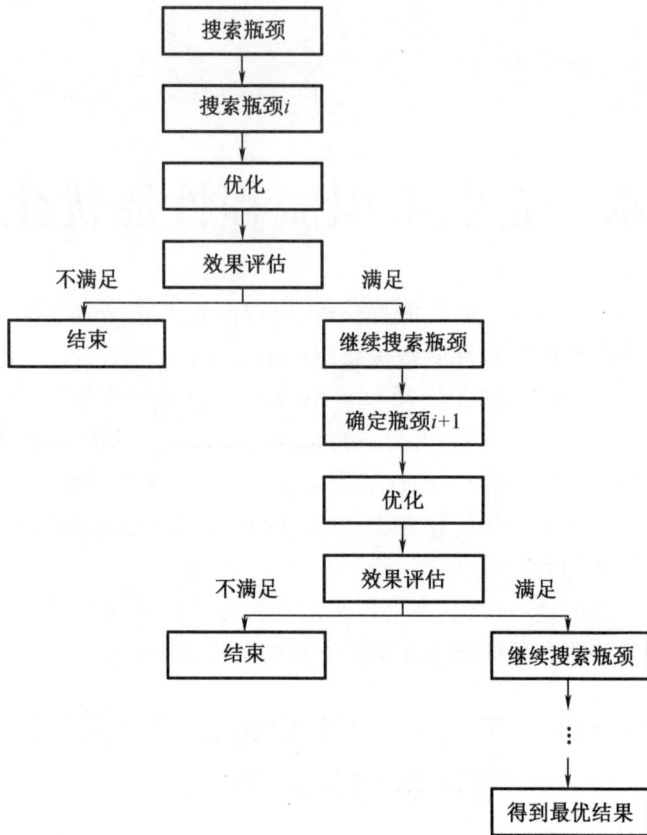

图 8-1　流程瓶颈循环定位优化法原理图

如图 8-1 所示,采用流程瓶颈循环定位优化方法优化企业组织流程性能的步骤如下。

1. 第一步:搜索流程中的瓶颈

企业在搜索企业流程内部的瓶颈作业或工序时,往往会发现在流程中存在不止一个瓶颈作业或工序。此时,企业可以随机选择一个瓶颈作业或工序进行优化,也可以选择瓶颈情况最明显的瓶颈作业或工序进行优化。这两种选择方式最终都能够得到最优的流程性能结果,但是如果每次都选择瓶颈情况最明显的瓶颈作业或工序进行优化,可以简化的优化步骤,以最快的方式得到最优结果。

2. 第二步:优化流程瓶颈作业或工序

一般来说,企业的瓶颈作业或工序会表现为以下几种情况。一种情况是作业或工序上等待处理的任务堆积,超过了该作业或工序的处理能力或者是该作业或工序长时间处于忙时状态;另一种情况是该作业或工序流程能够处理完所有的任务,但是该作业或工序的闲时时间和流程中的其他作业或工序的闲时时间对比差距较大,这说明该企业的流程中整体的闲时情况比较明显,其性能存在一定的提升空间。

对于已经确定的瓶颈作业或工序,企业可以通过以下途径进行优化。

(1)调整流程作业或工序的设置,将流程中闲时时间较多且工作性质类似或交叉的作业或工序合并,组成新的作业或流程,使来自不用作业或工序中的人员、设备等资源能够得到充分地利用。

(2)调整流程作业或工序中的人员配置,将闲置的企业人力资源调用到瓶颈作业或工序上,提高流程瓶颈作业或工序的处理能力。

(3)调整流程瓶颈作业或工序前端的作业或工序的设置安排。有实践表明,当流程瓶颈作业或工序调整难度较大时,通过该作业或工序前端作业或工序的调整,同样可以达到优化目的。

3. 第三步:优化效果评估

企业在优化其流程瓶颈的过程中,往往要以投入一定的人力、物力以及时间为代价。如果企业付出了一定的代价后,流程性能提升使得企业利益增加。当利益的增加值大于企业付出的代价时,说明优化的效果具有经济合理性,优化的过程是有价值的。如果利益的增加值小于企业付出的代价,说明优化的效果不具有经济合理性,企业所做出的优化调整是无效的。

4. 第四步:新一轮流程瓶颈筛选

当某一流程瓶颈的优化效果不满足经济合理性时,企业应该取消这一优化过程,将企业的流程设置恢复到上一过程的状态。当某一流程瓶颈的优化效果满足经济合理性时,企业应该进一步发掘系统中存在的其他瓶颈作业或工序,继续进行优化以及评估优化结果。当企业中所有的流程瓶颈作业或工序经过优化均不满足经济合理性时,说明企业此时已经达到流程性能最优化状态,无须再进行流程瓶颈的筛选工作。

另外,选择流程瓶颈进行优化企业除了要考虑优化效果的经济合理性之外,还应该考虑到实施优化的实际操作难度。有些流程瓶颈作业或工序,尽管优化的结果满足经济合理性,若是实施的难度较大,而克服这些难题所需付出的努力得不到期望的效果时,企业也可以将此次优化过程视作无效。

二、企业组织流程瓶颈识别方法

实际上,在企业组织流程中找出瓶颈作业并非难事。本书利用 Extendsim 系统仿真软件提供的很多控件和数据输出端口可以很容易地辨识这些瓶颈的位置。下面本书就其中几种简便、易行的方法进行介绍。

1. 等待队列长度定位法

在中小企业组织流程仿真模型中,与每个代表活动或作业的 Activity 模块连接的 Queue 模块都提供了等待队列长度的数据输出端口,端口标签为 L。利用

Mean&Variance 模块和 L 端口的连接就可以将这些数据收集起来。通过不同作业模块 L 端口输出数据的比较,可以发现流程中的瓶颈作业。另外一种方法是将各个作业模块的 L 端口和"Plotter,Discrete Event"模块进行连接,然后通过"Plotter,Discrete Event"模块输出的等待队列长度曲线图也可以清晰地判断出各个作业模块的等待队列情况,从而确定其中的瓶颈作业。

本书通过具体实例说明采用等待队列长度定位法定位流程中瓶颈作业的过程。

以 A 公司的采购流程仿真模型为例,在模型中添加一个"Plotter,Discrete Event"模块,与"制作采购计划"和"采购交付"作业的等待队列长度输出端口"L"连接,运行仿真模型,系统的输入结果如图 8-2 所示。

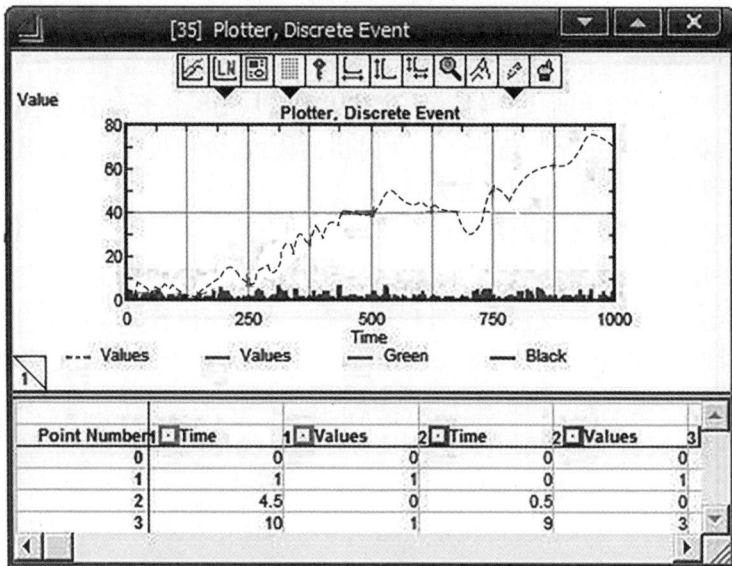

图 8-2　等待队列长度输出结果

从图 8-2 中数据可知,代表"制作采购计划"作业等待队列长度的实线曲线表现基本平稳,说明"制作采购计划"作业资源的配置较理想。而代表"采购交付"作业等待队列的虚线曲线则表现出明显的上升趋势,且上升趋势随着仿真时间的推移越发明显。这样的结果充分说明 A 公司的采购交付环节是一个瓶颈作业,采购交付作业的工作效率也直接影响到生产模块的运行。

2. 忙时闲时定位法

在企业组织流程仿真模型中,每个代表活动或作业的 Activity 模块都提供了活动占用效率的数据输出端口,端口标签为 U,活动占用率反映了每个活动的工作状态。一般情况下,活动占用率的取值范围在 0~1。活动占用率越接近 1,说明活动的忙时状态越多;反之,活动的闲时状态越多。在实际的企业管理中,接近1的活动占用率是不现实的,尽管它可以说明系统中的有效工作时间,但是一旦连续作业就很容易出现任务积压现象。因此,在企业里通常采用柔性的活动占用率管理办法,最佳的活动占用率应该在0.5~0.9。

以A公司的采购流程仿真模型为例,在模型中添加一个"Plotter, Discrete Event",与"制作采购计划"和"采购交付"作业的活动占用率输出端口U连接,运行仿真模型,系统的输入结果如图所示。

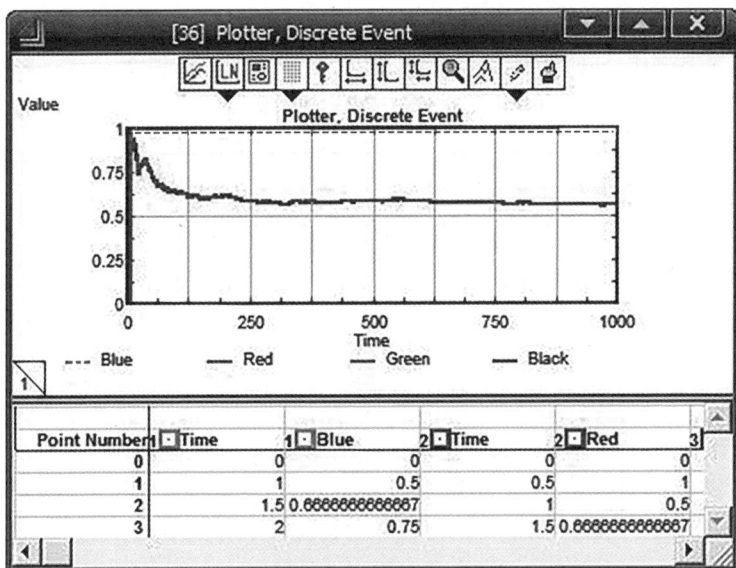

图8-3 忙时输出结果

从图中数据可知,代表"制作采购计划"作业活动占用率的红色实线曲线的取值基本在0.6~0.9,说明"制作采购计划"作业人员的配置较理想。而代表"采购交付"作业活动占用率的蓝色虚线则始终保持1的水平,再次证明了A公司的采购交付环节是一个瓶颈作业。

第二节 企业组织流程性能仿真优化器设计与实现方法

在企业组织流程性能仿真评估的修正模型中,本书通过分析确定了流程平均周转时间、流程成本、系统产出量和资源利用率四个关键指标用来评估代表企业组织流程性能的功效系数。因此,对于企业组织流程性能仿真优化来说,以这四个关键指标作为仿真优化的对象同样能够达到仿真优化的目的。

一、添加 Optimizer 模块

Extendsim 仿真软件的 Optimizer 模块位于 Value 库中。打开 Value 库,根据系统优化策略的需要,将一定数量的 Optimizer 模块添加到企业组织流程仿真模型中。根据本文的模型,需要添加 1 个 Optimizer 模块。

二、定义目标函数方程

根据本文所建立的模型,需要定义 4 组不同的目标函数方程,用于实现对 4 个关键指标的优化。

(1)流程平均周期时间优化目标函数

根据公式(6.1)~(6.39),本书将流程平均周转时间的目标函数定义为

$$\min \hat{d}_i = r_i + T_i + T_i^q + \Delta_i^d \tag{8.1}$$

(2)流程作业成本优化目标函数

根据公式(6.11),本书将流程作业成本的目标函数定义为

$$\min T = A + B + C = \sum_{i=1}^{I} b_i x_i + \sum_{i=1}^{I} \sum_{j=1}^{I} d_j y_{ij} + C \tag{8.2}$$

(3)系统产出量优化目标函数

本书将系统产出量的目标函数定义为

$$\max P = P_{\text{last}} \tag{8.3}$$

(4)资源利用率优化目标函数

根据公式(6.14),本书将资源利用率的目标函数定义为

$$\max V_R = \frac{R_d}{R_t} \tag{8.4}$$

三、确定优化决策变量

在本书建立的企业组织流程仿真模型中,对于企业人力、设备等资源进行的定量化的配置。这些资源配置的合理化程度和配置结果直接影响了企业组织流程性能的发挥。因此,本书可以用作优化调整的决策变量包括人员的配置、设备以及资源的配置等。

1. 人员配置决策变量

在企业组织流程仿真模型的建立过程中,人员的配置方案是通过作业模块中作业的容量和作业的效率进行设置的。例如,如果某项作业由 1 人负责完成,那么该名员工在同一时间内只能处理一项系统任务,即该项作业的容量为 1。若该项作业由 2 人负责完成,那么该项作业在同一时间内就可以处理两项系统任务,即该项作业的容量为 2。作业效率采用同样的原理,例如,在单位时间内,由 1 人负责的

作业完成了两项系统任务,那么该作业的效率就是2;若这两项任务是由2人负责的,也就是说在单位时间内,2人完成了两项系统任务,即该项作业的效率就是1。

2.设备配置决策变量

和人员配置的原理一样,在企业组织流程仿真模型的建立过程中,设备配置方案是通过设备模块中的作业容量和作业的效率进行设置的。如果一台设备同时可以加工2件产品,那么该设备的作业容量就是2;如果添加1台同样的设备,那么该模块的作业容量就变成了4。如果在单位时间内,某设备可以加工100个产品,那么添加1台同样的设备后,该模块在单位时间内完成加工产品的效率就是200。

3.产品成本

通过改变人员和设备的配置可以达到优化企业组织流程性能的目的。然而在企业实际的经营过程中,在不增加资源投入的前提下优化器资源的配置是合理的。随意地增加人员及企业固定资产的投入虽然可以提高企业的投入产出能力,但是同时增加了企业的成本消耗,在本书的企业组织流程性能优化思想中是不提倡的。因此,在优化企业资源配置的过程中,不增加资源的投入量是优化过程的前提条件。

四、设置决策变量

设置决策变量就是在Optimizer模块中设置决策变量的取值范围。决策变量的范围要根据企业所能承受的资源投入量决定。例如,流程中的某项作业目前有4人完成,企业对于该项作业人员投入量的目标是由2人完成,但最多不超过5人完成,即该项作业人员投入量决策变量的取值范围就是2~5。一般情况下,企业不会通过增加设备投入量的方法提高企业的组织流程性能。但是,企业可以通过增加使用该设备的时间来提高产量,即通过增加班组的方法提高设备的使用时间。如果该设备的操作者人数为5人,增加一个班组就相当于增加5个操作者,即该设备的操作者人数的决策变量取值范围是5或10。这用这种方法同样可以提高企业的组织流程性能。

五、添加约束方程

如果需要对决策变量做进一步的约束,那么就需要在Optimizer模块的Constraint选项卡输入约束方程。约束方程有两类,一类是个体约束,只适用于单个决策变量;另一类是全局约束,适用于多个决策变量的组合,通常使用IF陈述方式,如果决策变量不能满足约束条件,就给参数Reject负值True。本书采用的全局约束方程来控制优化结果的输出。

六、Optimizer模块的运行参数设置

根据遗传算法原理,在运行Optimizer优化模块之前要对优化模块的运行参数

进行设置。这些运行参数包括群体的大小 M、交叉概率 Pc、变异概率 Pm 以及终止的代数 T。在 Extendsim 系统仿真软件中,设置这些参数是通过设置 Optimizer 模块的 Run Parameters 选项卡中的参数实现的,如图 8-4 所示。

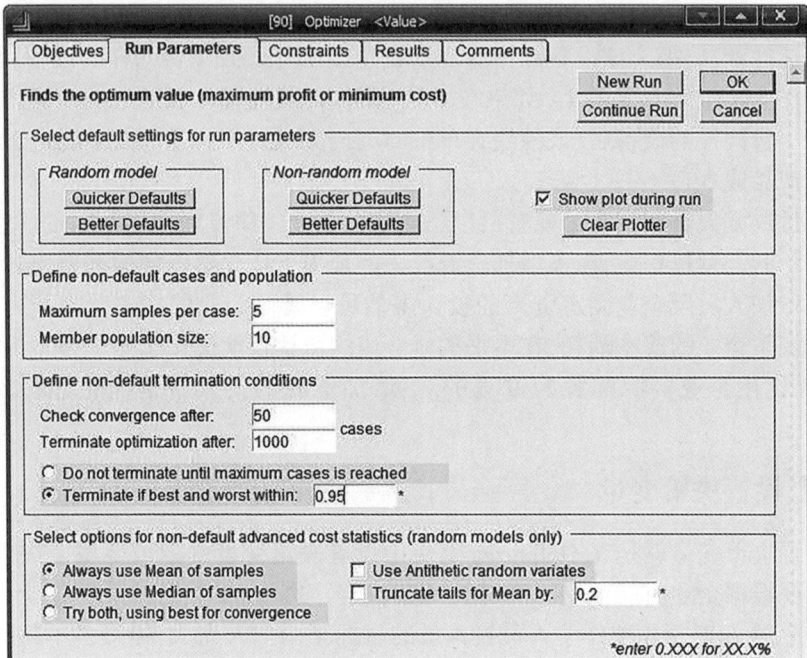

图 8-4　运行参数设置

设置完成 Optimizer 优化模块的参数后,单击该对话框中的 New Run 按钮,即可开始运行优化。

第三节　企业组织流程性能仿真优化应用研究

为了检验企业组织流程性能仿真模型优化方法的有效性,本书将继续采用 A 公司为实证研究对象。

一、流程瓶颈循环定位方法的应用研究

在 A 公司的仿真模型中,随机提取某一时点的等待队列长度数据,得到 9 个关键作业和工序的相关数据输出结果如图 8-5 所示。

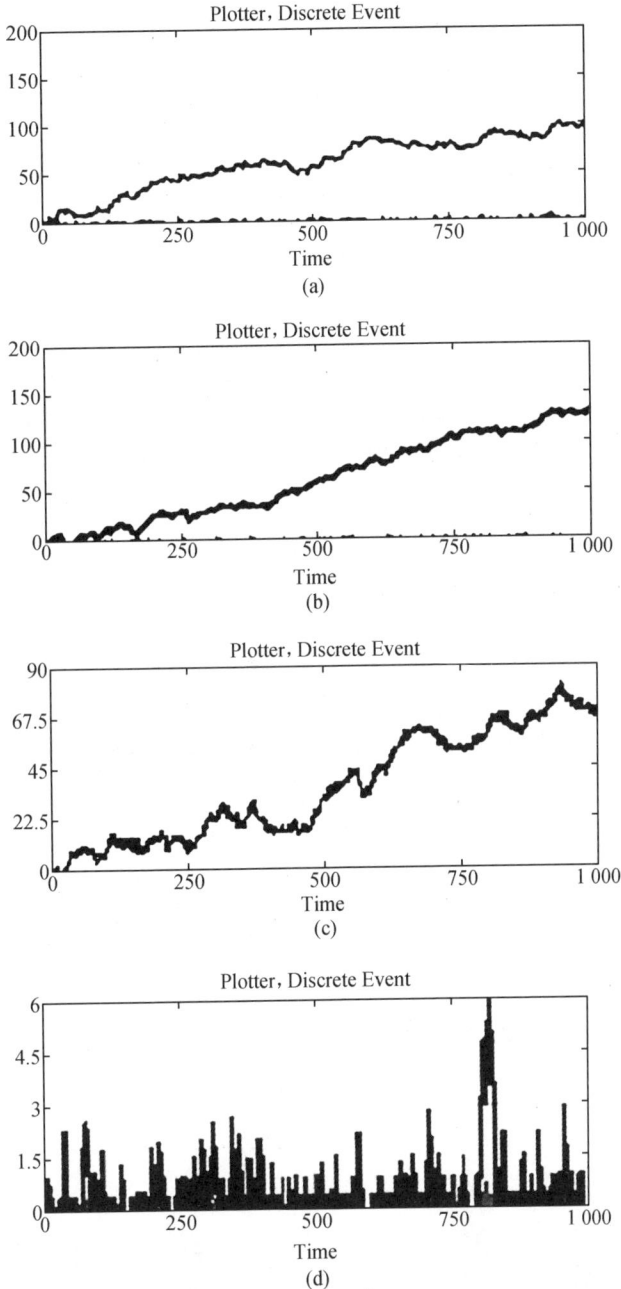

图 8-5 等待队列长度输出结果

通过比较,我们选择等待队列最长的作业,即"制作物料需求计划"作为首个优化对象。通过实际调查,A公司采购部门设置了采购内勤和采购外勤两个岗位,各配备了 1 名工作人员。"制作物料需求计划"的职责隶属于采购内勤负责。在 A 公司,由于客户对产品交货时间的要求比较严格,且订单到达时间具有较大的随机性、无法预测。因此,当生产任务集中到达时,"制作物料务求计划"往往容易形成任务的积压,且在实际过程中表现得较为明显。通过协调,将销售内勤 1 人调动至采购部作为采购内勤,调整后的等待时间队列情况如图 8-6 所示。

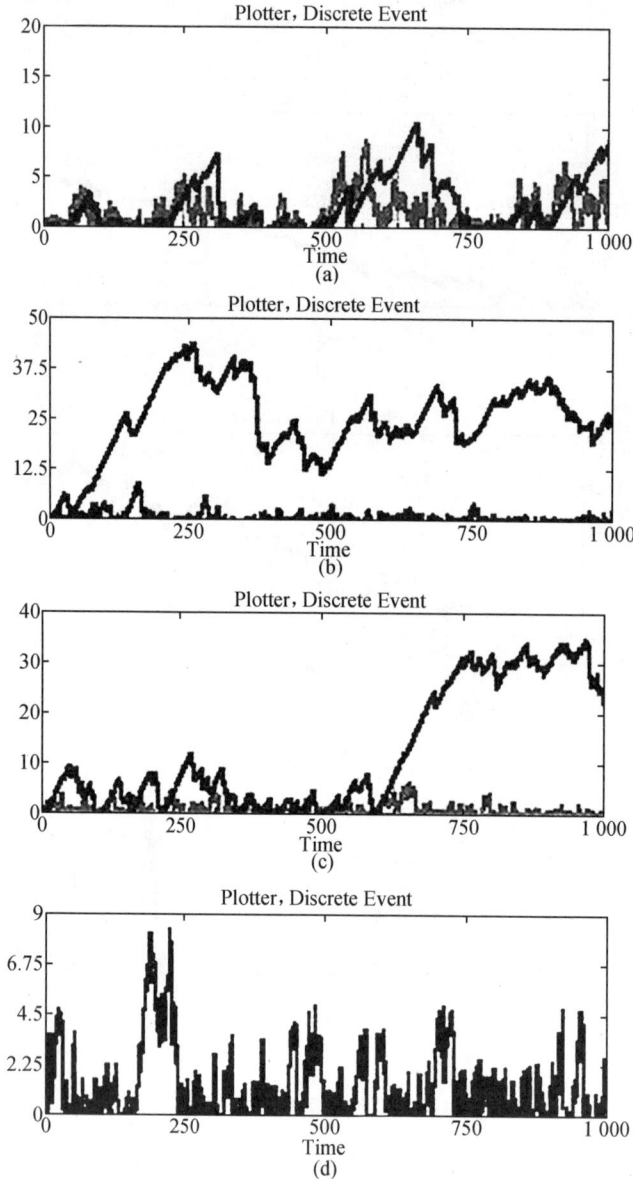

图 8-6　等待队列长度输出结果

由图 8-6 中数据可知,通过对"制作物料需求计划"作业的调整,该项作业的最大等待队列长度有一开始的 143 下降至 45。与此同时,其他流程作业或工序的等待队列长度情况也有所好转。说明此次优化措施是有效的。

由图 8-6 中数据我们还可以发现,在 A 企业中其他的组织流程作业或工序中仍然存在瓶颈。根据等待队列长度最大原则,我们可以选取等待队列长度最大的生产制造作业作为下一个优化目标。在生产制造模块中包含多个生产工序,图 8-6 中只给出了生产模块的整体性能曲线,为了详细区分出各道工序的等待队列长度情况,我们需要取得各道工序的等待队列长度曲线,如图 8-7 所示。

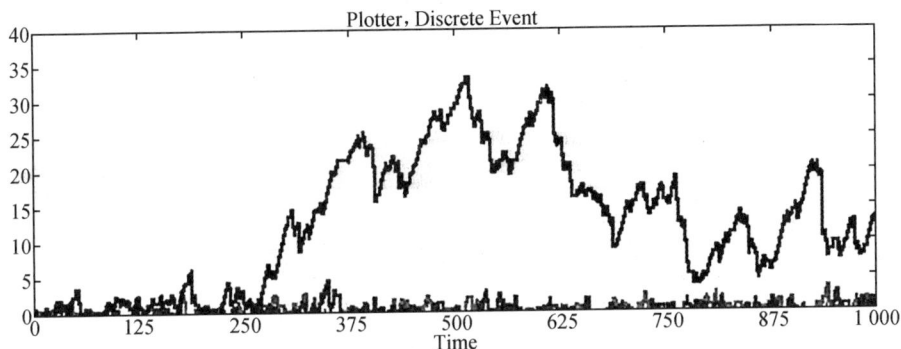

图 8-7　等待队列长度输出结果

由图 8-7 中数据可知,在 A 公司生产制造环节的各道工序中,最后一道工序"分拣包装"是瓶颈工序。该公司的分拣包装工作有车间包装班承担,包装班现有工人 9 人。为了消除"分拣包装"工序的瓶颈情况,公司制定了三套方案。

方案 1:将现有工人分为两个班组,实行倒班制度,增加该工序的作业时间。

方案 2:从人员有闲置的其他班组抽调部分工人加入包装班组。

方案 3:从社会招收新员工加入包装车间。

经过讨论,由于包装车间实行的计件工资制,增加人员的投入量不会对企业成本造成影响,并且实行倒班制和抽调人员在具体的实现上存在诸多方面困难。因此,A 公司选择方案 3,从社会招收了 5 名新员工加入包装车间。经过调整后,车间各道工序的等待队列长度输出结果如下图所示。

由图 8-8 中数据可知,经过调整的 A 公司生产制造模块,各道工序基本上能够满足生产任务需求,即使偶尔出现了任务积压情况,可以通过适当的加班安排予以解决。此时,A 公司组织流程各作业或工序的等待队列长度情况变为如图 8-9 所示。

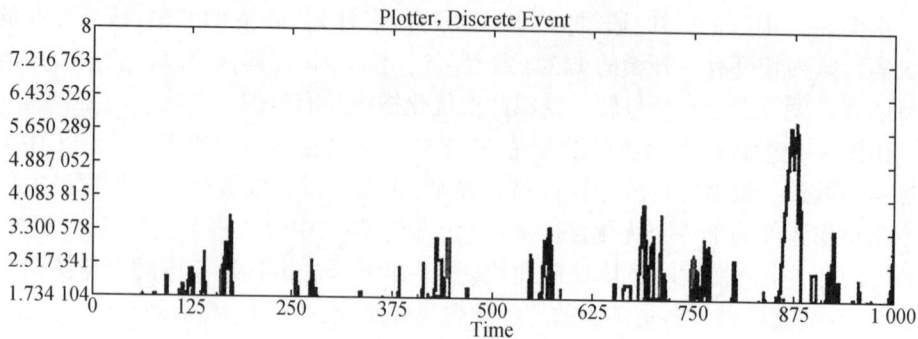

图 8-8　等待队列长度输出结果

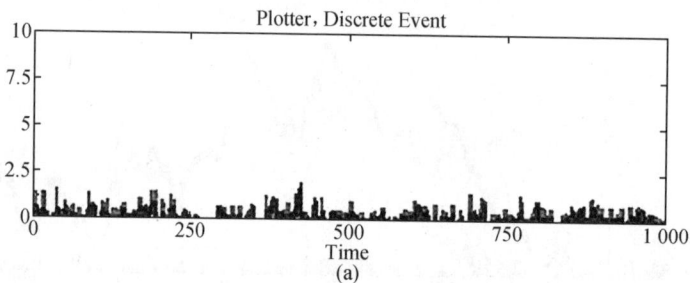

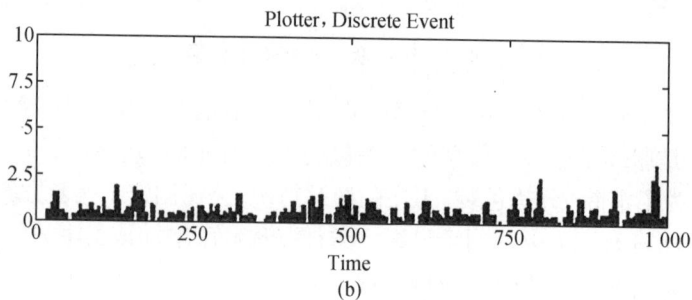

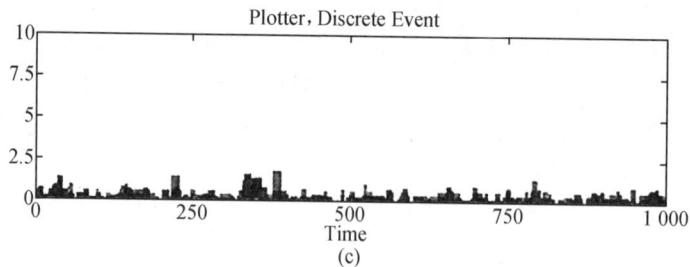

图 8-9　等待队列长度输出结果

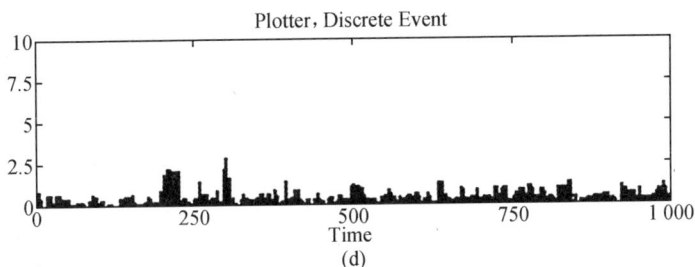

图 8-9（续）

由图 8-9 中数据可知,经过调整的 A 公司组织流程各个模块基本上能够满足生产任务需求,实际操作过程中任务积压情况已经得到明显改善,优化前后的 A 企业组织流程性能对比结果如表 8-1 所示。

表 8-1　组织流程优化结果对比表

组织流程	优化前	优化后	优化比例
流程平均周期时间	42	36	14.29%
流程作业成本	21.91	20.08	8.35%
流程产出量	146	161	10.27%
资源利用率	84.75%	89%	5.01%

由表中数据可知,A 公司经过优化的组织系统在各自的指标基础上,流程平均周期时间缩短了 14.29%,流程作业成本降低了 8.35%,流程产出量提高了 10.27%,资源利用率提高了 5.01%,将此组数据输入 A 公司组织流程性能评估模块,得到的 A 公司的组织流程性能的评估值为 71.64,比优化前的组织流程性能提高了 4.95%。由此可见,对 A 公司组织流程性能的优化效果非常明显。

二、仿真优化器的应用研究

从 Value 库中将 Optimizer 模块放进 A 公司组织流程仿真模型中。

1. A 公司组织流程决策变量与运行参数添加

A 公司组织流程优化的决策变量包括作业模块中的作业容量、作业效率、作业成本、流程产出量和资源使用数量。分别将这些决策变量克隆后拖放到 Optimizer 模块中。然后双击 Optimizer 优化模块调出其对话框,在 Variable table 中修改变量名,使其与目标函数中的变量名保持一致。

2. 公司组织流程仿真优化模型目标函数设置

设置完成 Optimizer 优化模块的参数后,还要对模型的目标函数进行设置。

（1）流程平均周转时间目标函数

$MinCycleTime = t_1 + t_2 + t_3 + t_4 + t_5 + t_6 + t_7 + t_8 + t_9$；

$t_1 = q_1 / a_1 * b_1$；

$t_2 = q_2 / a_2 * b_2$；

$t_3 = q_3 / a_3 * b_3$；

$t_4 = q_4 / a_4 * b_4$；

$t_5 = q_5 / a_5 * b_5$；

$t_6 = q_6 / a_6 * b_6$；

$t_7 = q_7 / a_7 * b_7$；

$t_8 = q_8 / a_8 * b_8$；

$t_9 = q_9 / a_9 * b_9$；

其中，t 代表各个流程的周期时间，q 代表流程中各个作业接受的任务量，a 代表各个作业的容量，b 代表各个作业的工作效率。

（2）作业成本目标函数

$MinCost = c_1 + c_2 + c_3 + c_4 + c_5 + c_6 + c_7 + c_8 + c_9$；

$c_1 = A_1 + B_1 + C_1$；

$c_2 = A_2 + B_2 + C_2$；

$c_3 = A_3 + B_3 + C_3$；

$c_4 = A_4 + B_4 + C_4$；

$c_5 = A_5 + B_5 + C_5$；

$c_6 = A_6 + B_6 + C_6$；

$c_7 = A_7 + B_7 + C_7$；

$c_8 = A_8 + B_8 + C_8$；

$c_9 = A_9 + B_9 + C_9$；

其中，c 代表流程中某项作业的成本，A 代表该项作业的变动成本，B 代表该项作业的长期变动成本，C 为该项作业的固定成本。

（3）流程产出量目标函数

由于 A 公司的系统的产出量的相关变量比较复杂，最主要的相关变量就是各个作业模块的工作效率。因此，A 公司流程产出量的目标函数如下：

$MaxProduction = p_{91} / a_9$；

$Max b_1 = p_1 / a_1$；

$Max b_2 = p_2 / a_2$；

$Max b_3 = p_3 / a_3$；

$Max b_4 = p_4 / a_4$；

$Max b_5 = p_5 / a_5$；

$\mathrm{Max}b_6 = p_6/a_6$;

$\mathrm{Max}b_7 = p_7/a_7$;

$\mathrm{Max}b_8 = p_8/a_8$;

其中,b 是每个作业模块的工作效率,p 是每个作业模块接受的系统任务量,a 是每个作业模块的作业容量。

(4)资源利用率目标函数

$\mathrm{Max}R = (R_1 + R_2 + R_3 + R_4 + R_5 + R_6 + R_7 + R_8 + R_9)/R_t$

其中,$R_1 \sim R_9$ 代表 A 公司组织流程仿真模型中 9 个作业模块的资源使用量,R_t 代表 A 公司系统内资源总额。

将目标函数输入到 Optimizer 模块 Objectives 对话框中的目标函数栏中,输入完成的结果如图 8-10 所示。

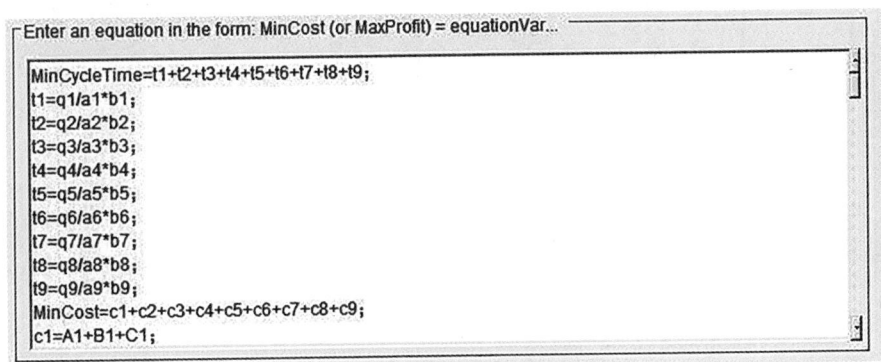

```
Enter an equation in the form: MinCost (or MaxProfit) = equationVar...

MinCycleTime=t1+t2+t3+t4+t5+t6+t7+t8+t9;
t1=q1/a1*b1;
t2=q2/a2*b2;
t3=q3/a3*b3;
t4=q4/a4*b4;
t5=q5/a5*b5;
t6=q6/a6*b6;
t7=q7/a7*b7;
t8=q8/a8*b8;
t9=q9/a9*b9;
MinCost=c1+c2+c3+c4+c5+c6+c7+c8+c9;
c1=A1+B1+C1;
```

图 8-10　目标函数设置结果

以上,本书就完成了 A 公司组织流程仿真模型 Optimizer 模块的设置过程,单击 New Run 按钮,A 公司的组织流程即可得到优化。

3. A 公司组织流程性能仿真优化结果分析

运行 A 公司组织流程优化模块,可以得到输出结果如图 8-11 所示。

由优化结果可知,经过优化的流程平均周期时间、流程作业成本、流程产出量和资源利用率分别为 35.5、19.84、167 和 0.90。与流程瓶颈优化法相比,采用仿真优化器方法获得的企业组织流程性能要略好于采用流程瓶颈优化法取得的结果。这是因为采用仿真优化器方法所取得的最终结果是基于理论上的企业所能达到的最高目标值。但是在实际的操作过程中,采用流程瓶颈优化法往往能够从企业的实际情况出发,优化的过程也具有较高的可行性。因此,我国企业在实际的操作中可以参考两种方法的结果,将采用仿真优化器方法得到的最优结果作为企业组织流程优化工作的参照目标,采用流程瓶颈优化法进行逐步优化。当企业组织流程性能优化到一定程度,达到企业要求后,优化工作可以适时结束,毕竟理论上的最优的结果在现实的操作中很难得到完全实现。

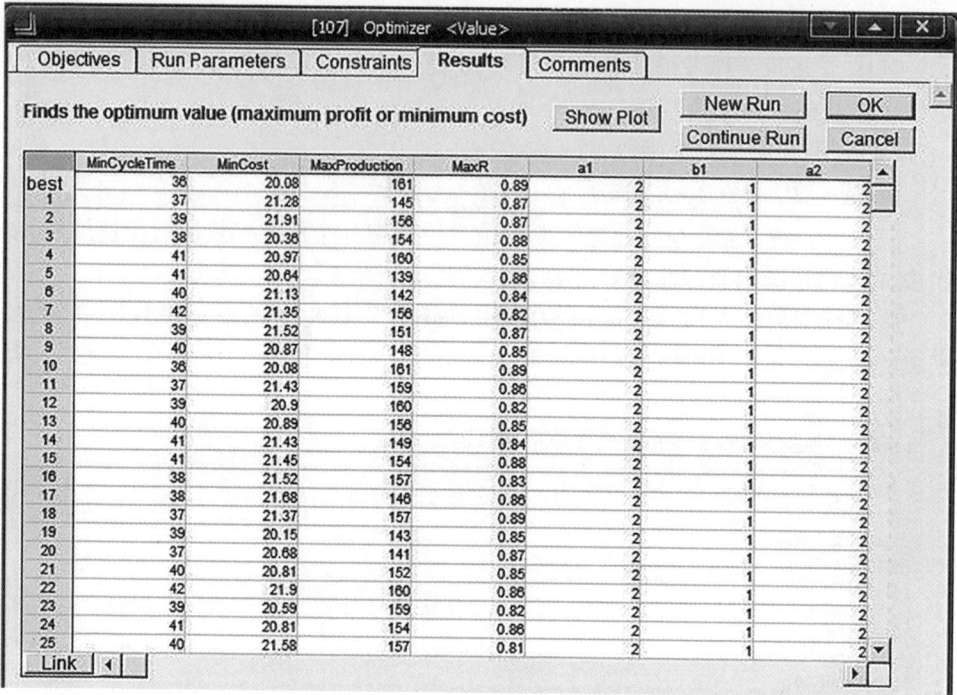

图 8-11　优化运行输出结果

第四节　企业组织流程管理建议

企业的发展壮大离不开企业组织的有效运行,目前我国企业在各个方面所面临的不利局面,为寻求企业的稳步成长之路提供了很好的思路。本书在写作过程中,通过与众多企业的接触与调查工作,发现我国的企业在其组织流程管理的意识及手段方面都存在较大障碍。对此本书在这一节将针对企业组织流程管理现状提出几点建议。

一、基于均衡性的企业组织流程设计与调整方法

基于均衡性的企业组织流程设计与调整方法是指,在企业组织流程设计与调整过程中采用仿真建模方法,及时将流程中的瓶颈作业规避,使日后的组织流程能够平稳运行的方法。若组织流程中存在瓶颈作业,企业可以通过以下方法进行调整。

1.合理配置企业的人力资源

合理配置企业的人力资源是要将企业中人员的能动性发挥到最大水平。配置合理的人力资源不仅体现在人员数量的搭配合理、使企业中人员的作业强度分配合理，还要从各个角度充分调动人员的积极性。一旦合理的人力资源配置完成，企业不但可以大量节约组织的人员投入，更重要的是可以形成属于企业的核心竞争力。

2.合理配置流程中作业数量

在企业中确实存在一些岗位，这些岗位不得不设置但是工作负荷又很小。在实际的仿真模型运行中，这样的岗位往往表现出频繁的闲时状态。这样就造成了系统资源的浪费，从而影响了组织流程性能的提升。为了处理这样的岗位，企业可以根据其他部门的人力资源配置情况，适度地合并一些作业，如让两个或多个这样的岗位由一个人负责。这样，既提高的系统的投入产出效率，又大大节省的人员投入成本。

二、加强供应链效率管理

在本书所接触的三个企业中，其共同特点就是采购系统的组织流程性能偏低。如果分析其原因，主要是由供应商的效率低下造成的。企业不能选择供应商的地理位置与运输渠道，但是可以通过组织有效的批量采购来缓解这个问题。一些成功企业的经验告诉我们，提高企业供应链效率可以通过以下三种途径实现：第一，充分掌握市场上供应商的信息，选择供应商时尽量选择就近且商品种类齐全的供应商；第二，及时掌握供应商的到货周期，尽量避免到货周期过长影响生产进度的情况发生；第三对于经常使用的物资，企业可以适量准备一些库存，这样一方面可以减少到货周期给企业带来的延时风险，另一方面也可以降低市场价格波动给产品成本造成的影响。

三、企业信息中心模式建设

先进的管理思想在现代企业中获得应用需要依靠现代化先进管理技术的支持。现代企业运用信息技术提高信息沟通的速度、降低成本已经成为一种趋势。现代信息技术不仅是人机交互系统，更应该是人与设备、企业与环境、任务与需求等诸多因素相互协作的平台。企业内部，流程运作的过程同时也是信息流通的过程。流程运作与信息流通能否同步是影响企业信息流是否畅通的关键。那么在企业中，如何保证信息流的畅通性呢？国内外一些企业的设立信息中心做法给我们提供了一些思路。信息中心的工作模式如图8-12所示。

参考图8-12，企业中的信息中心承担着整个企业信息收集与整理的工作，企业所有的部门作为信息源将信息提交到信息中心，当有需要时，可以随时查阅自己或者其他部门的信息记录。这样的信息中心模式使企业的信息高度共享,大大降低了信息在系统内流通的延时现象,该模式会促进组织流程的运行效率的提高,从而提高企业的组织流程运行的性能水平。

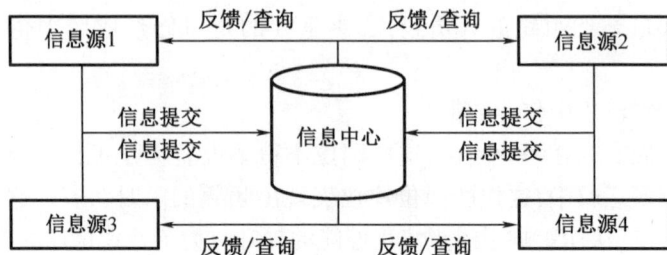

图 8-12　企业信息中心工作模式

四、智能化办公模式

智能化办公模式是随着信息技术与计算机技术的发展逐渐兴起的一种高效办公模式,它利用网络技术、信息技术大大提高了企业内部信息沟通的畅通性。虽然我国企业接受智能化办公模式的时间较短,但是随着各种信息化工具的普及,未来在企业内部实现智能化办公不再是遥不可及的梦想。目前,随着我国企业信息化进程的不断推进,越来越多的企业开始选择适合自己的信息化工具,这对于我国企业管理水平和管理效率的提升都起到了良好的促进作用。

五、采用科学系统分析工具

企业及时、准确的决策是提升企业组织流程性能的有力保障。但是及时、有效的决策还依赖于企业能否对问题做出正确的判断,这就需要企业掌握科学、有效的系统分析工具。目前,类似的系统分析工具有很多,如 MRP、MRP Ⅱ、ERP 等。然而这些产品在企业的实施效果并不理想,一方面源于企业对现代化工具的认识不到位,另一方面企业缺乏实施、使用这些工具的人才。因此,我国企业必须加强对这些工具的科学认识,着重培养相应的使用人才。只有这样,我国企业才能真正走向正规化、科学化的发展道路。

综上所述,提高我国企业的组织流程性能是一项系统工程,必须在运用先进管理技术和管理方法的基础上,将关注的焦点放在企业最基础的细小单元上,对先进的计算机信息工具不能迷信,在使用这些工具的同时注意自身基础管理水平的提高。只有这样,我国的企业才能突破企业发展中的瓶颈,真正走上一条持续、稳定的发展道路。

参 考 文 献

［1］ Purvis M, Lemalu S. An adaptive distributed workflow system framework［C］//
Software Engineering Conference, 2000. APSEC 2000. Proceedings. Seventh
Asia-Pacific. IEEE, 2000.

［2］ 范玉顺,吴澄.基于工作流的 CIMS 应用集成支持系统研究［J］.计算机工程
与应用,2000(2)：6-12.

［3］ CHENG E C. An object-oriented organizational model to support dynamic role-
based access control in electronic commerce applications［J］. Decision Support
Systems, 2000, 29(4):357-369.

［4］ ABECKER A , BERNARDI A , MAUS H ,et al. Information supply for business
processes：coupling workflow with document analysis and information retrieval
［J］. Knowledge-Based Systems, 2000, 13(5):271-284.

［5］ HUGHES M. Reengineering works：Don't report, exhort［J］. Management & Or-
ganizational History, 2009, 4(1):105-122.

［6］ AALST W M P V D , KUMAR A. A reference model for team-enabled workflow
management systems［J］. Data&Knowledge Engineering,2001,38(3)：335-363.

［7］ AALST W M P V D. Generic Workflow Models：How to Handle Dynamic Change
and Capture Management Information［J］. Information&Management, 2001, 30
(5)：148-160.

［8］ AALST W M P V D , BASTEN T. Inheritance of workflows：An approach to
tackling problems related to change［J］. Theoretical Computer Science, 2002,
270(3)：125-203.

［9］ GALLUCCI L P. Business process reengineering and workflow automation：a
technology transfer experience［J］. The Journal of Systems and Software, 2002,
63(4)：29-44.

［10］ BAE H , KIM Y. A document-process association model for workflow manage-
ment［J］. Computer in Industry,2002,47(2)：139-154.

［11］ CHÉRIF AMER-YAHIA, ZERHOUNI N. Structure theory of choice-free petri
nets based on eigenvalues［J］. Journal of the Franklin Institute,1999,336(4)：
833-849.

［12］ ATSUSHI,INAMOTO. Agent oriented system approach for workflow automation［J］.
International Journal of Production Economics, 1999, 60-61(1):327-335.

[13] FAKAS G , KARAKOSTAS B. A workflow management system based on intelligent collaborative objects [J]. Information and Software Technology, 1999, 41 (3): 907-915.

第九章 结论与展望

采用系统仿真方法研究我国中小企业的组织流程性能是一个引人入胜的研究领域。因为,有效的组织比技术、产品更重要。任何产品和技术都会过时,但有效的组织却可以不断创造出新的能满足市场需求的技术和产品。而且,随着组织生存环境的日益复杂多变,组织流程性能问题会变得更加突出。不能对组织流程性能进行管理的领导者会很快发现自己的组织正在走向衰退。因此,对组织流程性能进行研究和提高组织流程性能的实践不论是在学术领域,还是在对我国中小企业和其他类型企业的发展方面都是有益的。

第一节 研 究 结 论

本书通过研究主要取得以下四方面结论。

1. 企业组织流程性能的形成机理及影响因素

通过研究发现:企业的组织流程性能水平的发挥与企业内部组织机构的设置、组织流程的设计、人员效率的发挥以及企业资源的利用情况相关。因此,企业的组织流程性能与这些企业的成败之间存在着必然的联系。

2. 本书设计了企业组织流程评价指标体系

在指标体系的构建过程中可以发现:传统的组织流程性能评价方法针对企业组织系统的产出变量,如产品数量、销售收入、顾客满意度等指标,没有考虑到设备、资源以及人员使用效率等过程变量指标。因此,传统评价方法产生的结果缺乏对于过程判断的合理性,并且对于企业管理决策缺乏应用指导价值。本书建立的评价指标体系能够影响企业组织流程性能的组织结构、组织流程设置、员工和企业工具等因素,通过时间性能、成本性能、吞吐性能和资源利用性能四个既包含结果变量,又包含过程变量的指标集,能够对企业的组织流程性能做出准确判断。

3. 本书提出了企业实施方法

组织流程性能评估的仿真建模评估方法通过采用实时仿真手段建立企业组织流程仿真系统,将现实的企业组织流程运行状况反映在计算机仿真界面上,并将本书建立的组织流程性能评价指标体系以程序的形式写入该仿真系统,让仿真系统在模拟企业组织流程运行的过程中,自动采集相关数据、自动将组织流程性能的评估结果输出至用户界面上。因此,该方法不仅克服了传统数学模型方法运算量大、耗时长、结果缺乏失效性等缺点,并且帮助企业实现了对其组织流程管理状态的实时监控,节约了大量的企业人力、物力,是到目前为止最高效的组织流程性能评估方法之一。

4. 本书提出了流程瓶颈循环定位方法和仿真优化器方法,用于优化企业组织流程性能。这两种方法采用的是线性规划优化算法,在仿真系统内部设置运算模块,让仿真系统在运行过程中自动定位企业内部的流程瓶颈并实施优化。采用这两种优化方法改变了传统优化方法设计复杂、效率低下等缺点,使企业能够实施掌握企业组织内部的瓶颈流程,随时为企业做出组织流程调整决策提供参考依据。

第二节　研究展望

在未来,以仿真技术为代表的信息技术将大量地应用于企业内部,同时,也留给学术界和企业界一个很大的问题,那就是如何为企业量身定制能够满足其管理需求,并且具有良好操作性能和应用性能的系统仿真工具。本书认为,未来在企业的仿真系统应用方面,以下问题需要得到进一步解决。

1. 企业管理流程中的定量化研究

在我国企业的管理过程中,每天都会产生大量的管理数据,这些数据具有很高的利用价值,但这些价值往往都被中小企业所忽略。将中小企业流程中产生的数据收集起来进行有效的归纳与总结,将看似杂乱的数据转化为明显的量化指标,这是中小企业管理水平提升的重要标志,同时也是学术界应该关注的焦点。

2. 基于数据流实时监控的仿真控制研究

可以说,仿真技术应用的高级阶段是基于数据流实时监控的仿真控制应用。将仿真系统参数由预先设置方式转变为实时获取与监控方式,代表着仿真应用技术的一项突破。虽然本书在研究中没有对此进行更深刻的探讨,但是在未来,基于数据流实时监控的仿真控制研究必定会成为一种研究趋势。

3. 网络化组织结构仿真建模的研究

在未来,任何企业的组织形式都必然向扁平化、网络化、无边界化以及多元化的方向发展,但是无论组织的形式如何变化,企业对于组织流程性能的要求不会降低。对于新兴的网络化组织结构,同样可以采用仿真建模的方法进行研究。如何采用仿真建模技术探讨网络化组织结构下企业的组织流程性能也是一个十分值得关注的话题,本书著者也希望能有更多的人加入对该问题的研究。

附录　排队系统符号定义

为了区别各种排队系统,对不同排队系统给出了不同的符号表示,其中最著名的莫里斯·乔治·肯德尔提出的一种目前在排队论中被广泛采用的系统符号表示。完整的排队系统表达式通常用到 6 个符号并采用如下固定格式:A/B/C/D/E/F,各符号的定义如附表 1 所示。

附表 1　排队系统符号意义

符号	定义
A	顾客相继到达间隔时间分布
M	指数分布
D	常数
E_k	k 阶爱尔朗分布
G	一般相互独立的随机分布
B	服务时间分布,所有符号与表示顾客到达间隔时间分布相同
C	服务台个数:"1"表示单个服务台,"S"表示多个服务台
D	系统容量,分为有限和无限。∞ 表示顾客源无限
E	顾客源数目,分为有限和无限。∞ 表示顾客源无限
F	服务规则
FCFS	先到先服务的排队规则
LCFS	后到先服务的排队规则
PR	优先权服务的排队规则